Los mejores
chistes 2

JULIO CÉSAR PARISSI

Los mejores
chistes 2

A Editorial El Ateneo

Diseño de cubierta: Departamento de Arte
                      de Editorial El Ateneo

Diseño de interiores: Lucila Schonfeld

© Julio César Parissi, 2006

Primera edición de Editorial El Ateneo
© Grupo ILHSA S.A., 2006

ISBN-13: 978-950-02-9481-4

Derechos mundiales de edición en castellano.

Impreso en U.S.A.

Índice

Chistes de profesionales

¿Los vendedores ambulantes se gradúan en la universidad de la calle?

ESPECIE EN EXTINCIÓN

—Doctor, cuando era soltera me hizo pruebas de fertilidad y me dieron estupendamente bien, y ahora que estoy casada no quedo embarazada. ¿Por qué será?

—Es evidente usted no se reproduce en cautiverio…

DGI

Un día, en un restaurante, una señora, de repente, empezó a gritar:

—¡Auxilio! ¡Mi hijo se ahoga! ¡Se tragó una moneda y no puede respirar!

Un señor se levantó de su mesa, sin decir palabra alguna tomó al chiquillo de los testículos y les da un fuerte apretón. El niño escupió inmediatamente la moneda.

El hombre regresó a su mesa y se sentó como si nada hubiera sucedido.

La mamá del niño, agradecida, se acercó a él.

—¡Mil gracias, señor! ¡Qué método tan efectivo! ¿Es usted médico o trabaja en la Cruz Roja y conoce de primeros auxilios?

— No, soy inspector de la Dirección General Impositiva.

CUERPO DE LEGULEYO

Un abogado estaciona su impresionante automóvil y baja presuroso hacia su bufete. Al poner el pie en la vereda pisa un excremento blando de perro. Horrorizado, exclama:
—¡Por Dios, me estoy derritiendo!

DOCTOR PREVENIDO

En el psicólogo.
—Doctor, tengo tendencias suicidas, ¿qué hago?
—Págueme ya mismo.

PRIMER PARTE MÉDICO

Una señora llega al hospital y le dice al doctor:
—Soy la esposa del señor Martínez, que tuvo un accidente de tránsito; quisiera saber cómo se encuentra.
—De la cintura para abajo no tiene ni un rasguño.
—¡Qué alegría! ¿Y de la cintura para arriba?
—Bueno, esa parte todavía no la trajeron.

CHARLA ENTRE DESCONOCIDOS

Un viajante de comercio transita por una ruta y se detiene para cargar combustible. Aprovecha la ocasión para pasar al baño. El primer sanitario estaba ocupado y entra en el contiguo.

En cuanto se sentó en el inodoro, oyó que el hombre que ocupaba el sanitario de al lado dijo:

—Hola, ¿qué haces?

Este viajante no acostumbraba a hablar con desconocidos, y menos en el baño, pero como ninguno de los dos se veía se animó a contestar:

—Acá estoy, de viaje hacia el norte…

—¿Y se puede saber en qué andas? —preguntó el señor de al lado.

—Sí, claro —contestó el viajante, un poco forzado—. No es ningún secreto, voy a Corrientes y después a Misiones.

—Supongo que andas atrás de algún buen negocio —dijo el señor con total seguridad.

— Sí, bueno… —contestó el viajante, totalmente arrepentido de haber dado pie a esa conversación—. Eso espero, ya que las posibilidades no son malas…

—¿Sabes una cosa? —dijo muy enojado el señor de al lado—. En un rato te vuelvo a llamar. Se le está acabando la batería al celular y encima aquí, en el baño de al lado, hay un imbécil que responde a todo lo que te pregunto.

MEDICINA MILAGROSA

El hombre, luego de haber sufrido un accidente, consulta a un médico.

—Doctor, me caí y me quebré las dos piernas, y temo no poder caminar más.

—No se preocupe, no es nada. Le digo otra cosa: dentro de unos días estará trabajando.

—¡Qué maravilla, doctor! ¿Además de curarme me conseguirá trabajo?

SANTO CIELO

Operado, el hombre se dirige al cirujano:

—Doctor, entiendo que se vista de blanco, pero ¿por qué tanta luz?

—Hijo mío, soy San Pedro…

DIAGNÓSTICO IMPRECISO

Un paciente va al médico para que éste le dé el diagnóstico.

—Doctor ¿qué tengo?

—Todavía no lo sé, pero cualquier duda la aclararemos en la autopsia.

ESQUIZOFRENIA GALOPANTE

Un paciente llega al psiquiatra.
—Doctor vengo a que me ayude con mi problema de doble personalidad…
—Muy bien, pase y hablemos los cuatro.

COMBINACIÓN PERFECTA

En el odontólogo.
—Doctor, tengo los dientes muy amarillos, ¿qué me recomienda?
—Una corbata en un tono marrón le haría juego.

CAMBIO DE TÁCTICA

En el estudio de un abogado, éste conversa con su cliente, un joven que se ha divorciado.

—Quédese tranquilo. Desde hoy su ex esposa renunció a que usted le dé una parte de su dinero.

—¿Por qué ese cambio?

—Se va a casar con su papá.

ESTIRANDO LA VIDA

El médico habla con un paciente terminal.

—De acuerdo a los estudios realizados, le quedan siete días de vida.

—Doctor, ¿qué puedo hacer para alargar un poco mi vida?

—Vaya a vivir a lo de su suegra y le resultarán una eternidad.

BUENA SALUD

Una hermosísima joven entra al consultorio de un médico clínico.

—Por favor, señorita, desnúdese por completo.

—Si su colega me revisó hace 5 minutos y me dijo que estoy fantástica.

—Precisamente por eso se lo estoy pidiendo…

CONSULTA ALTERNATIVA

El médico, frente a un caso grave, le dice al paciente:

—Usted debería haber venido a verme antes.

—En realidad, primero fui a ver a un curandero.

—¿Y qué estupidez le dijo?

—Que viniera a verlo a usted.

UN CASO RARÍSIMO

Charlan dos psicoanalistas.

—¡Mira que nos tocan casos raros en nuestra profesión!

—¡Dímelo a mí! Yo tengo un caso nunca visto en mis treinta años de ejercicio.

—¿Tan raro es?

—Imagínate: es un argentino con complejo de inferioridad.

A HORARIO

Un empleado, el primer día de trabajo, llega tarde a la oficina. El jefe lo mira con disgusto.

—Joven, usted debería haber estado aquí a las nueve y son las nueve y media.

—¿Por qué? ¿Me he perdido algo divertido?

MALA CARA

El médico, luego de revisar a la esposa, le dice al marido:

—Señor, seré sincero: no me gusta nada la cara de su esposa.

—Ni a mí tampoco, pero su padre es millonario.

EL FISCO NO PERDONA

Un comerciante es citado para hacer una declaración de ingresos ante la Dirección General de Impuestos. Asustado, le pregunta a un amigo qué hacer.

—Vístete con lo peor que tengas, así creerán que no tienes mucho dinero.

En cambio, otro amigo le aconseja:

—Vístete lo mejor posible para que sepan que no te intimidan.

Como los consejos eran opuestos, fue a ver a un sacerdote amigo.

—Eso que me dices me hace acordar a una historia —dijo el cura—. Una chica, que estaba a punto de casarse recibió un consejo de su madre y otro de su mejor amiga. La madre le dijo: "Ponte una bata gruesa hasta el cuello, que vea que eres recatada". En cambio la amiga le propuso: "Usa un camisón pequeño y transparente, que se excite más que nunca".

—Pero, ¿qué tiene que ver eso con los impuestos?

—Quiero decir que te vistas como te vistas, no te vas a salvar de que te violen.

RECUPERACIÓN

Un hombre tiene un accidente automovilístico y da con su cabeza en el parabrisas. Lo hospitalizan y cuando despierta se encuentra con toda la cabeza vendada, incluso un ojo. Ve que el médico está a su lado.
—Doctor, ¿he perdido mi ojo?
—Por suerte, no. Lo tengo en el bolsillo.

EL GALENO Y EL BEBEDOR

El médico revisa al paciente. Al cabo del examen se encuentra perplejo.
—No encuentro la causa de su dolor de estómago, pero pienso que se debe a la bebida.
—Bueno, doctor, volveré cuando usted esté sobrio.

HAMBRE HOSPITALARIA

Un hombre, luego de una operación, recibe la comida según la dieta prescripta: una mínima taza de caldo, una hoja de lechuga, un pequeño trozo de pollo y medio vaso de agua. Cuando termina, el paciente llama a la enfermera.
—Por favor, me trae una estampilla de correo.
—¿Para qué quiere una estampilla? —dice extrañada la chica.
—Es que me gusta leer después del almuerzo.

BEBÉ

El padre concurre al pediatra.
—Doctor, mi hijo tiene seis meses y todavía no abrió los ojos.
—No sea tonto, hombre, ¡su hijo es japonés!

RECHAZOS

—¡Doctor, estoy teniendo problemas con mi trasplante de pene.
—No me diga que ha tenido un rechazo.
—Justamente, doctor, ¡me rechaza la mano!

SIN SOLUCIÓN

Un camionero conduce por la ruta y llega a un túnel de baja altura, que le impide pasar. El conductor hace bajar a su joven acompañante para que vea si hay posibilidad de entrar. El joven mira y vuelve a la cabina.
—No podemos pasar por muy pocos centímetros.
El camionero, muy experto, dice:
—Bueno, en ese caso desinflemos un poco las ruedas.
—No, las ruedas pasan bien. Lo que no pasa es el techo del camión.

DIAGNÓSTICO

Un hombre, que sufría de un fuerte dolor en el hombro, ve que en una farmacia hay una computadora que diagnostica cualquier dolencia con sólo poner una muestra de orina y, además, da sugerencias sobre qué hacer. Para probar, toma una muestra de su orina y la lleva a la máquina. A los pocos instantes, la computadora emite un papel que dice:

"Usted tiene hombro de tenista. Frote su brazo con agua caliente y sal. No haga esfuerzos innecesarios y en dos semanas va a estar mejor."

Como le pareció demasiado sencillo el diagnóstico, decidió probar la eficacia de la máquina. Puso en un frasco agua de la canilla mezclada con el pis de su perro, de su hija y de su mujer. Llevó todo eso a la computadora y al instante, le imprimió el análisis.

"El agua tiene bacterias, cómprese un purificador. Su perro tiene parásitos, cómprele un remedio que los elimine. Su hija se droga, intérnela en un instituto de rehabilitación. Su mujer está embarazada y no es de usted, consiga un buen abogado. Y si no deja de masturbarse no va a curarse nunca ese hombro."

BAÑO CINCO ESTRELLAS

Un turista vuelve a una ciudad y decide visitar un elegante restaurante, con orquesta propia y pista de baile, donde había estado durante su viaje anterior. Cuando el mozo viene a atenderlo, el turista le comenta:

—He vuelto a este restaurante porque nunca estuve en un lugar tan lujoso.

—La casa le agradece el elogio.

—No es ningún elogio, es la pura verdad. Fíjese que cuando tuve que pasar al baño, ¡usé un water de oro! ¡Parece increíble, pero era de oro!

Al oír esto, el mozo se da vuelta y le grita a uno de los músicos que componían la pequeña orquesta del lugar:

—¡Manuel, aquí está el tipo que cagó en tu trombón!

FAMOSO

Un hombre va caminando por la calle cuando es detenido por otro, que le dice:

—Oiga, su cara es famosa, la tengo vista de algún lado.

—Claro, trabajo en la radio.

CATERING AÉREO

Un caníbal viaja por primera vez en avión. Se le acerca la azafata y le pregunta:
—Señor, ¿le alcanzo el menú?
—No, mejor la lista de pasajeros…

GENTE DE CORAJE

Un hombre entra por primera vez a una panadería de un barrio de gente muy ruda.

—Déme dos panes, y si tiene huevos, dos docenas.

Y el vendedor le dio veinticuatro panes.

BUEN HABLAR

Llega un soldado donde está el cabo.

—Cabo, no cabo en la cama.

—No se dice cabo, se dice quepo.

—Quepo, no cabo en la cama.

DERROTA

Llega un oficial al comando central.

—General, hemos perdido la guerra...

El general golpea la mesa.

—¡Vaya y búsquela inmediatamente!

COMIDA DE CUARTEL

Un recluta va a hacer una queja.

—Mi sargento, esta comida tiene tierra.

—Deje de protestar, soldado. Aquí se viene a servir a la patria.

—A servir, sí, mi sargento, pero no a comerla.

COMBINACIÓN

Un granjero va con una bolsa de estiércol. Un amigo le pregunta:

—¿A dónde lo llevas?

—Voy a echárselo a las frutillas.

—¿Por qué no pruebas con crema, que también son muy ricas?

DEJAR DE A POCO

El hombre visita al médico por un chequeo anual.

—¿Usted fuma? —pregunta el doctor.

—Sí, bastante.

—Bueno, le recomiendo que se ponga unos parches de nicotina para ir dejando… —le dice, y agrega—: ¿Usted bebe?

—Un poco de más.

—Le recomiendo que vaya a Alcohólicos Anónimos para ir dejando… —le aconseja, y agrega—: ¿Tiene relaciones sexuales?

—Sí, doctor, muchísimas.

—Ah, entonces cásese, para ir dejando…

ENCUESTA

En una original encuesta se les pregunta a un ama de casa, a un contador público y a un abogado cuánto es 2+2.

El ama de casa piensa un momento y dice:

—Cuatro.

El contador público responde:

—Creo que está entre 3 y 4. Déjeme verificarlo con mi calculadora.

Y el abogado, entrecerrando los ojos, pregunta a su vez:

—¿Cuánto quiere que sea?

TOQUE DE QUEDA

En un país con disturbios políticos el gobierno decide decretar el toque de queda y nadie puede caminar por la calle después de las ocho de la noche; si alguien lo hiciera los soldados tienen libertad de disparar. En un pueblito dos soldados están patrullando cuando ven a un hombre, borracho a más no poder, que camina en zigzag. Uno de ellos apunta, abre fuego y lo mata en el acto. El otro soldado, horrorizado, le dice:

—¿Qué has hecho? Lo mataste y recién son las siete y media.

—Es que lo conozco a ese tipo. Sé donde vive y a ese paso no llegaba a la casa antes de las ocho.

Graffiti y consignas

Cuando alguien ayuda a un criminal antes de
cometer un crimen, lo llamamos cómplice. Si lo
ayuda después de haber violado la ley, lo
llamamos abogado.

¿La lana virgen la producen las ovejitas feas?

Si el estudio hace grande al hombre, entonces
que estudien los petisos.

Entre las palomas y los políticos, es imposible
mantener el Senado limpio.

Si el Hombre Araña, ¿la mujer rasguña?

Si un homicidio es matar a un hombre;
¿un suicidio es matar a un suizo?

Paradoja: un negro en la nieve
es un blanco perfecto.

¿Por qué el Pato Donald cuando sale de bañarse
tiene una toalla en la cintura si nunca usa
pantalones?

La sabiduría me persigue...
pero yo soy más rápido.

¿Cómo hacen los empleados de una fábrica
de pancartas para ir a la huelga y mostrar
sus protestas?

El corpiño es igual que una dictadura, porque
oprime a los que tiene adentro y engaña
a los de afuera.

Lo que ayer nos unía, hoy no se para.

Una uva pasa, y la otra la saluda.

Ahorro debería escribirse sin h, para economizar
una letra.

Dicen que cuando uno de Piscis y otro de
Acuario se casan, el matrimonio naufraga.

La gallina no tiene tetas. Por eso el gallo no
tiene manos.

Cuando una persona se muere,
¿se le enfría la tibia?

Como hombre que soy tengo una sola neurona,
pero eso sí, es enorme.

Antes sufría de amnesia, ahora no me acuerdo.

No odio a tu familia. De hecho, tu suegra me
cae mejor que la mía.

Es fácil ser humorista cuando tienes a todo el
gobierno trabajando para ti.

Lo descubrieron más rápido que a un enfermo
de Parkinson robando panderetas.

Hace tanto calor que los árboles van detrás de
los perros para que los orinen.

Ese político tenía menos futuro que Pinocho
con termitas.

Chistes de familias

¿No es bueno que el hombre esté solo?

SINCERIDAD INFANTIL 1

Un hombre llama por teléfono a su casa. Lo atiende el hijo.

—¿Ha llamado algún idiota? —pregunta.

—No papá, tú eres el primero.

NOVIA RELIGIOSA

Una chica con formación religiosa estricta le dice a su madre:

—Mamá, no quiero casarme con Jorge.

—¿Por qué, hija, si se llevan tan bien?

—Es que es ateo y no cree en el infierno.

—No te preocupes, nosotras haremos lo posible para que termine creyendo.

MALA CONDUCTA

Charlan dos mujeres en la fila del banco.

—Mi hijo vive un drama horrible en el colegio… —dice una.

—¿Qué le pasa?

—Los niños lo insultan y le pegan durante toda la clase.

—¿Y por qué no le dice al profesor?

—Es que el profesor es mi hijo.

SUEÑOS

En un bar, un hombre le dice al otro:

—Yo no tengo un peso, le debo a todo el mundo, pero igual sigo soñando con ser un millonario como mi hermano.

—¿Su hermano es millonario?

—No, sueña…

DOCENTE

El niño le pregunta a su madre:
—Mamá, ¿la mucama es maestra?
—No, ¿por qué?
—Porque ayer le dijo a mi papá: "Te voy a enseñar algo que nunca vas a olvidar".

AHORRATIVO

En un hotel están hablando un escocés y un turista extranjero.
—¿Hace mucho frío aquí?
—Sí, hace mucho frío. Con decirle que todos nos pasamos el invierno alrededor de la estufa.
—¿Y si hace muchísimo frío?
—Ah, en ese caso la prendemos.

ÚLTIMA CONFESIÓN

El esposo, en su lecho de muerte, le dice a su mujer:
—Mi amor, sé que estoy por morirme y quisiera confesarte un secreto.
—¿Qué secreto?
—Te engañé con tu mejor amiga.
—Eso ya lo sabía. ¿O por qué te crees que te envenené?

DIFERENCIA

En un bar, dos hombres charlan.
—¿Sabes cuál es la diferencia entre una hada y una bruja?
—¿Cuál?
—Veinticinco años de matrimonio.

AMOR EXPRESS

La mujer le pregunta al esposo:
—Querido, ¿tú crees en el amor a primera vista?
—Por supuesto que creo. Si te hubiera mirado dos veces no me habría casado contigo.

DANZARÍN

En una fiesta de cumpleaños, un chico se acerca a una niña que está sentada y le dice ceremonioso:
—¿Quieres bailar?
—Sí.
—Bueno, préstame la silla.

MALAS COSTUMBRES

Una señora va enojada a la casa de la vecina.
—¡Su hijo le ha sacado la lengua al mío!
—Bueno, son cosas de niños.
—¡Es que no podemos pararle la hemorragia…!

NIÑO EDUCADO

Un grupo de niños están jugando al fútbol en una plaza cuando uno de ellos tira la pelota tan fuerte que cae en el balcón de una casa vecina.

—¿Qué hacemos? —se preguntan todos.

—Que vaya Carlitos —dice uno—. Él habla muy bien y seguro que devuelven la pelota.

Carlitos va, toca timbre y sale una señora.

—Disculpe señora, pero estábamos jugando un emocionante partido de fútbol cuando, en un momento de exaltación deportiva, el esférico describió una extraña parábola en el aire, posándose en su balcón y, por tanto, adentrándose en su morada. En nombre de mis compañeros y del mío propio, he venido a preguntarle si podría devolvernos el balón.

La mujer quedó anonadada y girando la cabeza hacia adentro, gritó:

—¡Querido, ven a ver cómo habla este niño!

Llega el marido y Carlitos vuelve a decir:

—Le comentaba a su señora que estábamos jugando un emocionante partido de fútbol cuando, en un momento de exaltación deportiva, el esférico describió…

El marido lo interrumpe gritando:

—¡Suegra, venga a escuchar a este niño!

Llega la madre y Carlitos dice:

—Les decía a ambos que estábamos jugando un

emocionante partido de fútbol cuando, en un momento de exaltación…

La mujer no lo deja continuar y grita:

—¡Viejo, ven a ver a este niño maravilloso!

Aparece el viejo.

—¿Qué pasa? —pregunta el hombre.

—Escucha cómo habla este niño.

—Sí —dice la hija—, cuéntanos a qué viniste.

—Bueno, le estaba diciendo a estos tres pelotudos que vine a que me devuelvan la pelota que se cayó en ese puto balcón. Si no me lo quieren dar se pueden ir todos a la mierda…

CAMBIOS EN EL BAR

Un hombre entra a un bar y como hacía mucho que no iba por allí, al acercarse a la barra pregunta:

—Dígame, ¿no tenían unos cuernos colgados en esa pared?

El barman sorprendido, le contesta:

—No, cuernos no. Antes teníamos un espejo…

FALLA MECÁNICA

Un hombre entra al bar con cara de preocupación. Un amigo le pregunta:

—¿Qué te pasó?

—Por poco atropello a mi suegra…

—¿Te fallaron los frenos?

—No, el acelerador.

PADRE E HIJO

El padre, totalmente consternado, le dice al hijo adolescente:

—Hijo, tengo que decirte algo que no te va a gustar.

—¿Qué pasa, papá? No me asustes...

—Es terrible, pero debo decírtelo: estoy enamorado de tu novia.

—Ah, menos mal que era eso. Por un momento pensé que te habías arrepentido de comprarme la moto...

¿TENGO CARA DE...?

La mujer le dice a su esposo:

—Querido, hay una pérdida en el baño. ¿Podrías arreglarla?

—¿Acaso tengo cara de plomero? —dice el marido poniendo cara de enojado.

Al otro día, la mujer vuelve a comentarle:

—Hay una luz en el dormitorio que se prende y se apaga. ¿Podrías fijarte si tiene algún cable suelto?

—¿Tengo cara de electricista?

Un día después:

—Mi amor, la cocina pierde gas. Fíjate si las hornallas están bien.

—¿Tengo cara de gasista?

Una semana después entra el esposo a la casa y ve que el baño está arreglado, que la luz del dormitorio está perfecta y que en la cocina no hay olor a gas.

—Querida —dice el marido—, ¿trajiste un técnico para arreglar todo?

—No, fue nuestro vecino. Como se da maña para estas cosas me las arregló en un rato.

—¿Te cobró mucho?

—No, lo hizo de onda —dijo la mujer, y agregó—: Bueno, me dijo que le pagara haciéndole una torta o haciéndole el amor.

—¿Y le hiciste la torta?

—¿Tengo cara de repostera?

BREVE LLAMADA

Suena el teléfono y la esposa va a atender. Conversa más de media hora. Cuando vuelve a la sala, el marido la increpa.

—¿Se puede saber con quién hablaste tanto tiempo?

—Qué sé yo. Era una llamada equivocada…

¿ANTECEDENTES?

Llega una jovencita a pedir trabajo a una casa de familia y la atiende la dueña.

—La verdad es que necesitamos una limpiadora, pero, ¿tiene usted alguna recomendación?

—La sirvienta se queda pensando un momento y contesta:

—Sí, sólo tengo una… Que no ensucien mucho la casa.

SINCERIDAD INFANTIL 2

Llega el granjero a su casa. Lo recibe el hijo.

—Papá, esta tarde han venido a comprar un burro.

—¿Y tú qué les has dicho?

—Que no estabas en casa.

CAMBIO DE FORTUNA

Dos viejos inmigrantes están hablando de sus respectivas trayectorias. Uno le dice al otro:

—Pensar que llegamos con mi mujer a este país con una mano adelante y otra atrás. Menos mal que al poco tiempo ella se quitó la mano de adelante y yo la de atrás, y ahora somos ricos…

MOLESTIA NOCTURNA

A la madrugada suena el teléfono. Atiende el dueño de casa:

—¿Hola?

—Buenas noches, ¿la familia Silva?

—No, a esta hora la familia duerme.

¿NOCHE DE PASIÓN?

El marido llega a la casa, entra y le dice a su mujer:

—Querida, cierra bien la puerta.

—¿Qué pasa, mi amor?

—Es una sorpresa.

La mujer, que siempre estaba mal atendida en cuestiones de sexo, corre a cerrar la puerta.

—Ahora corre las cortinas.

Va rápido a correr las cortinas, cada vez más excitada.

—Mejor cierra las persianas —dice el hombre.

La mujer cierra las persianas imaginándose miles de cosas.

—Pronto, ve al dormitorio y no prendas la luz. Espérame en la cama.

La esposa corre al dormitorio y se siente la voz del hombre.

—¿Está todo oscuro?

—Sí, mi vida, no hay nada de luz.

Enseguida aparece él y saca la mano que llevaba en la espalda.

—Mira, ¡compré un reloj con luz!

TEST DE NOVIO

El joven le pregunta a su novia:

—¿Tú sabes cuál es el desayuno ideal de una mujer virgen?

—No. ¿Cuál es?

—Me lo temía.

TAREA INÚTIL

Durante el desayuno, después que el padre se ha ido al trabajo, el hijo pregunta con curiosidad:

—Mamá, anoche vi que te pasaste saltando sobre la panza de papá. ¿Qué estabas haciendo?

La mujer, algo turbada, trata de salir de la situación.

—Esteee... Ah, sí, ya me acuerdo: estaba tratando de desinflarle la panza a tu padre.

—¿Para qué te molestas en hacerlo, si después viene la vecina y lo infla de nuevo?

ASESINO HOGAREÑO

El niño va corriendo hacia donde está la madre.

—¡Mamá, papá quiere asesinar a la sirvienta!

—¿Por qué tamaño disparate?

—No es ningún disparate. Recién escuché que le dijo: "De esta noche no pasas".

FUTURO

Un joven, haragán por demás, es sorprendido por su madre recostado en un sillón leyendo el horóscopo.

—¡Hijo, encima de vago, ahora sólo te dedicas a leer horóscopos!

—Mamá, no te entiendo. ¿No me dijiste que me preocupara por mi futuro?

LAS DOS COSAS

Uno le pregunta a otro:
—¿Qué es peor, la ignorancia o el desinterés?
—No sé ni me importa.

BUENA VIDA

Una pareja está sentada en un restaurante de primer nivel. Se acerca el maître y se dirige al hombre.

—Usted me dirá qué va a ordenar…

—De entrada, una copa de camarones con salsa golf y un Dom Perignon.

—Y su señora, ¿qué dice?

—La verdad que no lo sé. Pero puede mandarle un correo electrónico diciéndole que la estoy pasando sensacional…

VERBO

Un estudiante, en plena tarea, le pregunta a otro:

—Tengo que pensar una frase y no sé cómo la escribiría mejor, si durmiendo o dormitando…

—Ninguna de las dos. Se escribe despierto.

VALOR Y PRECIO

Discute el matrimonio. Ella le dice:

—¡Lo que pasa es que tú no sabes lo que vale una mujer como yo!

—No sé lo que vale, pero sé lo que cuesta…

CURÁNDOSE EN SALUD

Un niño está en la vereda de su casa. Se asoma la madre por el balcón, enojada.

—¡Hijo, sube ahora mismo!

—No, que me vas a tirar de nuevo...

LOS REYES DE LA VAGANCIA

Tres tremendos holgazanes beben y conversan en un bar. Todos hacen gala de su enorme pereza. Uno dice:

—Miren si seré vago que el otro día, paseando por la calle, me encontré una billetera repleta de dólares y por no agacharme a recogerla la dejé donde estaba.

El segundo, por no ser menos, comentó:

—Eso no es nada. El otro día iba por una autopista desierta y vi un furgón blindado, accidentado, con las ruedas para arriba y lleno de lingotes de oro. Por temor de tener dolor de espalda al recogerlo, pasé de largo y ahí quedaron.

Y el tercero dice:

—Lo mío es peor que lo que cuentan ustedes. El otro día me fui al cine con mi novia y cuando me senté en la butaca los testículos me quedaron atrapados por un resorte que sobresalía. Por no levantarme, me pasé toda la película llorando de emoción.

ARTES PLÁSTICAS

Una modelo principiante, luego de posar para el pintor, mantiene una relación sexual con éste. Luego de hacer el amor, ella le pregunta:

—¿Siempre te acuestas con tus modelos?

—No, nunca. De todas, tú eres la primera.

—¿Y las otras, quiénes fueron?

—Esa manzana que ves ahí, aquella fuente y esta botella de vino.

MUERTE POR ENCARGO

Un hombre, muy adinerado, tiene la certeza de que su mujer lo engaña y quiere deshacerse de ella. Para eso intenta que un vecino de su mismo edificio haga el trabajo de matarla a cambio de una fuerte suma de dinero.

—Es un disparate lo que me propone —le dice el vecino—. Me llevarán preso.

—No se haga problema por eso. Yo tengo influencias y usted sale libre en pocos meses.

Tanto insiste y es tanto el dinero que le ofrece que el vecino accede a matarla.

—¿Cómo hago?

—Muy fácil. Yo le doy la llave de mi piso, usted entra, le dan un golpe en la cabeza, la envuelve en una sábana y la tira por la ventana. Yo voy a estar abajo para ver que todo salga bien.

El hombre desciende a la calle mientras el vecino se dirige al piso. Al poco rato se asoma por la ventana con la mujer envuelta en la sábana y la arroja a la calle. Cuando cae el hombre se acerca y dice:

—Traidora, quiero verte la cara por última vez.

Toma la sábana y descubre la cara de la mujer. Ahí se da cuenta de que no es su esposa. Desesperado mira hacia la ventana y grita:

—¿Qué hizo, animal? ¡Esta no es mi esposa!

—No, esa es la mía. Ahora va la suya...

LLANTO FÁCIL

En la cama, el matrimonio de muchos años está dialogando.

—Algún día uno de nosotros no estará más —dice el marido—. Si yo me muero, ¿ me llorarías mucho?

—Claro. Tú sabes que lloro por cualquier tontería.

SUERTE FEMENINA

Se encuentran dos amigos que hacía mucho no se veían y empiezan a contarse la vida.

—Yo ando bien, pero mi mujer anda con una suerte de locos.

—¿Tanta suerte tiene?

—Muchísima. Anoche salió a sacar la basura y encontró junto al contenedor un abrigo de visón, ¡justo de su talla y con sus iniciales bordadas en el interior! —dice el hombre—. Pero eso no es todo. Fue al supermercado y en una bolsa de papas fritas encontró un collar de perlas naturales que le calzaba justo. Y el mes anterior se encontró un bolso y un conjunto de zapatos ¡de su medida!

—Qué suerte tiene —dice el amigo—. ¿Y tú tienes también suerte?

—Más o menos. Tengo suerte, pero no tanta. Ayer mismo abrí el placard y me encontré un pijama nuevo. ¡Pero me iba grande!

PREGUNTA GRAMATICAL

Hablan dos hombres.
—¿Hay diferencia entre horrible y horripilante?
—Por supuesto —dice el otro—. Horrible es que en la playa una ola se lleve a tu mujer mar adentro. Y horripilante es que te la devuelva.

ALTOS Y BAJOS

Dos notorias vedettes de teatro de revistas hablan de sus respectivas vidas.
—¿Te casaste bien?
—Sí, actualmente estoy casada con un millonario. Y es millonario gracias a mí.
—¿Y antes que era?
—Multimillonario.

CASTIGO

Un amigo le pregunta a otro:
—¿Sabes cuál es el mayor castigo para un bígamo?
—No sé. ¿Cuál es?
—Tener dos suegras.

FIEL A LO SUYO

Se encuentran dos amigos después de mucho tiempo.
—¡Carlitos, cuánto tiempo sin verte! ¿Qué es de tu vida?
—Bueno, desde que dejamos de vernos hasta ahora he tenido diez hijos.
—¡No lo puedo creer! ¿Diez hijos? ¿Y siempre con la misma?
—Sí, con la misma… Pero con cinco mujeres diferentes.

DESCONSUELO

En el entierro de una mujer, el marido ve que un hombre desconocido llora desconsoladamente.

—Perdone —dice el marido de la difunta—, pero usted no es familiar de mi mujer y sin embargo la está llorando.

—Es que debo confesarle que yo la quería mucho. Ella fue mi amante durante quince años...

El marido, conmovido, le pasa el brazo sobre el hombro.

—Vamos, no se ponga así. Yo pienso casarme de nuevo...

FERTILIZACIÓN ASISTIDA

Dos amigas conversan sobre sus problemas para quedar embarazadas.

—Con mi esposo probamos distintos métodos médicos y no logramos que yo quedara embarazada.

—A nosotros nos pasaba lo mismo hasta que recurrí a un curandero.

—¿Y pudiste quedar embarazada?

—Claro, tengo un embarazo de dos meses.

—¡Qué bueno! Le voy a decir a mi marido para ir con ese curandero.

—Ah, no, el asunto es ir sola...

ANIMAL INTELIGENTE

—Papá, ¿qué es un delfín?
—Lo contrario a mamá, hijo. Es un animal gracioso que tiene un lenguaje reducido y un gran desarrollo cerebral.

OJOS BIEN CERRADOS

Dos mujeres charlan sobre sexo.
—¿Tú haces el amor con los ojos abiertos o cerrados?
—Con los ojos bien cerrados. ¡No soportaría ver la cara de felicidad del cerdo de mi marido!

VIAJE

El ejecutivo está en el bar tomando un whisky y hablando con un amigo.
—La semana que viene viajo al Caribe.
—¿En viaje de placer?
—No, voy con mi mujer.

IRÓNICA

La mujer le pregunta al marido:
—Querido, ¿qué te gusta más de mí: mi bello rostro o mi hermoso cuerpo?
—Tu desarrollado sentido de la ironía.

PREDICCIÓN

Una adivina está tirándole las cartas a una mujer.
—Veo en las cartas, aunque le duela, que su esposo va a morir de muerte súbita.
—¿Y las cartas dicen si voy a salir absuelta?

SIMPATÍA

Dos amigos.

—Ayer conocí a tu mujer. Estuve apenas cinco minutos y me pareció simpatiquísima.

—Eso porque estuviste cinco minutos. No sabes lo que es verla veinticuatro horas seguidas...

TALLAS

La mujer está en su lecho de muerte y llama al esposo.

—Mi amor, hemos pasado unos largos años de felicidad juntos. Si me sucede lo peor y tengo que dejar este mundo quisiera que buscaras una mujer que te acompañe en la vida. Puedes darle todo lo mío, incluso mi ropa...

—Tu ropa no, mi vida, ella usa talle 38 y tú tienes talle 46.

FELICIDAD TOTAL

El niño, que está estudiando religión, le pregunta al padre:

—Papá, ¿es verdad que Adán era muy feliz con Eva cuando estaban en el Paraíso?

—Por supuesto, hijo. Fíjate que no tenía suegra.

CUERNOS DESCONOCIDOS

Un hombre está en el bar cuando llega un amigo y le dice con tono compungido:

—Te tengo que contar que un amigo tuyo está en estos momentos acostado con tu mujer en tu propia casa.

El hombre sale disparado hacia su hogar. Al rato vuelve con paso tranquilo.

—¿Qué pasó?

—No, nada, te equivocaste. No era mi amigo, ¡era un tipo que nunca vi en mi vida…!

Chistes feministas y machistas

¿Existe la enemistad entre el hombre y la mujer?

Lo que dicen ellas y ellos...
Y lo que en realidad quieren decir

¿No te había visto antes? Bonito trasero tienes.

Te llamaré. Preferiría que perros salvajes me arrancasen los pezones antes que verte de nuevo.

Quisiera conocerte mejor... Para poder explicar con detalles a mis amigos...

No trataba de hacerte daño. No pensé que fueses virgen.

Confía en mí. Esto queda entre tú y yo... y mis amigos.

Sí, te quiero... ¡Dios mío! ¿Dónde me he metido?
Es sólo jugo de naranja, pruébalo. Dos vasos más y tendré sus piernas alrededor de mi cabeza.

Creo que podemos ser sólo amigos. ¡Qué fea eres!

Quiero hacer el amor. Quiero hacer el amor

¿Te gustó? No estoy muy seguro de mi masculinidad.

Necesitamos hablar... Estoy embarazada.

No sé si ella me gusta. No sé si querrá acostarse conmigo.

He estado pensando mucho. No me pareces tan atractivo ahora que lo veo bien.

He aprendido mucho de ti. ¡Que pase la siguiente!

Busco un compromiso. Estoy harto de masturbarme.

¡Estoy listo para irnos! Estoy listo.

¡Estoy lista para irnos! Sólo me falta encontrar los pendientes, peinarme, maquillarme, terminar de vestirme...

Casémonos. Quiero ser el único que tenga sexo contigo legalmente.

Tengo algo que decirte... Olvídate de mí.

Eres la única persona que he querido de verdad. Eres la única persona que no me ha rechazado.

Aún pienso en ti. Echo de menos el sexo.

¿Pasa algo malo? ¿Se supone que tiene que estar tan blanda?

¡Eres tan madura! Espero que tengas dieciocho.

¡Eres tan maduro! Bueno, tal vez no, ¡pero tienes dinero!

¡Ssssí, siiiií, siiiií, aaaaahhh! ¿Aún no has acabado?

¿Me quieres? He hecho algo estúpido y te vas a enterar.

¿Me quieres de verdad? He hecho algo estúpido y te vas a dar cuenta.

¿Cuánto me quieres? He hecho algo realmente estúpido y alguien te lo va a contar.

Nunca me había gustado como esta vez. Es mi primera vez.

Feministas

¿QUÉ ES UNA PARRILLADA?

¿Quién de ustedes, mujeres, no se siente identificada con esto?

La parrillada es la única comida que el hombre tradicionalmente cocina.

Cuando el hombre se propone hacer una, la cadena de acontecimientos es la siguiente:

1. La mujer va al supermercado a comprar lo que es necesario.

2. La mujer prepara la ensalada, las papas con mayonesa y el postre.

3. La mujer prepara la carne, la pone en una fuente con los utensilios necesarios mientras el hombre está sentado junto a la parrilla tomándose una cervecita o un whisky.

4. El hombre pone la carne en la parrilla.

5. La mujer pone la mesa y prepara la ensalada.

6. La mujer le dice al marido que la carne se está quemando.

7. El hombre saca la carne de la parrilla.

8. La mujer pone los platos en la mesa.

9. Después de comer, la mujer trae el postre, levanta la mesa y luego lava los platos.

10. El hombre le pregunta a la mujer si está contenta de "no haber tenido que cocinar" ese día.

¿Cómo les dicen a los hombres?

¿Cómo le dicen al hombre que está sin hacer nada?

Bisagra, porque si no está en la puerta está en la ventana.

¿Cómo le dicen al hombre que no se baña?

Barco nuevo, porque hay que empujarlo para meterlo al agua.

¿Cómo le dicen al hombre que no se baña?

Avión fumigador, porque lleva el veneno bajo las alas.

¿Cómo le dicen al hombre que está sin hacer nada?

Huevo de heladera, porque siempre está en la puerta.

¿Cómo le dicen a los hombres tacaños?

Alcancía, porque hay que hacerlo pedazos para sacarle dinero.

¿Cómo le dicen a los hombres borrachos?

Sachet de leche, porque no pueden mantenerse de pie.

Preguntas feministas

¿Por qué existe el machismo?

Porque de ilusiones también se vive.

¿Por qué los hombres no pueden hacer las tareas de la casa?

Porque los cerdos no entienden de limpieza.

¿En qué se parece los hombres a los caracoles?

En que tienen cuernos, babean y encima se arrastran. Y por si fuera poco, ¡se creen que la casa es suya!

¿Por qué no se casan las mujeres?

Porque para 100 gramos de chorizo se tienen que llevar todo el cerdo.

¿Por qué tienen los hombres un agujero atrás?

Para que les llegue oxígeno al cerebro.

¿Qué hace un hombre en la cama después de hacer el amor?

Estorbar.

¿Qué es un grano en el pene de un hombre?

Un tumor cerebral.

¿Cuál es la forma de conseguir que un hombre pase un fin de semana entretenido?

Lo pones en una habitación redonda y le dices que barra las esquinas.

¿En qué se diferencian dos camiones, uno lleno de cerdos y otro de hombres?

En la matrícula.

¿Por qué no puede ser un hombre guapo e inteligente a la vez?
Porque sería una mujer.

¿Qué hay detrás de un gran hombre?
Una mujer sorprendida.

¿Por qué existen los hombres?
Porque los vibradores aún no invitan a los restaurantes.

¿En qué se parece un hombre a una gasolinera?
De cuello para arriba, diesel.
De cuello hasta cintura, súper.
De cintura para abajo, sin plomo.

¿En qué se parecen los dinosaurios a los hombres inteligentes?
En que los dos se extinguieron.

¿Cuáles son los tres animales que desearía tener una mujer en su casa?
Pues un visón en el armario, un Jaguar en la puerta y un tigre en la cama.
Pero ¿cuáles son los que realmente tiene?:
Un conejo en el armario, un panda en la puerta y un cerdo en la cama.

¿Qué hay detrás de un hombre inteligente?
Una mujer ventrílocua.

¿Sabes por qué a las mujeres no nos gusta tomar el desayuno en la cama?

Porque en la cama no quedamos satisfechas.

¿Y por qué a los hombres hay que llevárselo?

Porque después de haber hecho el amor por la noche, a la mañana no se pueden ni levantar.

¿En qué se parecen los hombres a los robots?

En que no tienen cerebro, no saben hacer nada sin las instrucciones oportunas, son muy artificiales y cuando no valen para nada, los tiras a reciclar y los cambias por uno más eficiente.

¿Qué le cuelga al hombre después de casarse?

La corbata.

¿En qué se parece un hombre a un microondas?

Se calienta en 15 segundos.

Las faldas cortas hacen que los hombres se comporten educadamente. ¿Vieron alguna vez a un hombre subirse a un colectivo delante de una mujer con minifalda?

Machistas

CHISTE DE RUBIAS

Un ventrílocuo, de gira, se detiene en una pequeña ciudad y esa noche ofrece el show con su muñeco. En el inicio del número se dedica a contar chistes sobre las mujeres rubias, bonitas y tontas. En la mitad del espectáculo una mujer joven, muy bonita y rubia, se levanta indignada, y grita hacia el escenario:

—¡Estoy harta de sus chistes degradantes sobre las rubias!¿Qué le permite calificar de esa manera salvaje a las mujeres? ¿Qué relación tiene el color del pelo de alguien con su alma y su conducta? ¡Por gente como usted hay mujeres como yo que no son respetadas ni siquiera en el trabajo! Con sus prejuicios sigue propagando esta leyenda a favor de la discriminación y ofensiva para toda persona sensible. ¡Debería sentir mucha vergüenza!.

El ventrílocuo, azorado, la miró y quiso tartamudear una disculpa, pero la rubia lo interrumpió:

—¡Usted no se meta! ¡Le estoy hablando al bocón que está sentado en sus rodillas!

¿EN QUÉ SE PARECEN LAS MUJERES A LAS COMPUTADORAS?

—Siempre habrá otro que tendrá una mejor que la nuestra.

—Se bloquean y no hay quien las haga cambiar de actitud.

—Tanto en una mujer como en una computadora tienes que invertir mucho.

—Al poco de tener una, ya quieres otra mejor.

—No hay quien las entienda cuando hacen cosas que no tienen lógica.

—Ninguna de las dos son capaces de pensar por su cuenta.

—Asusta la posibilidad de que el mundo sea manejado por ellas.

—Las más caras suelen ser las mejores.

—Ambas tienen una ranura para introducir algo que las hace funcionar.

—Cuando se conectan dos o más, intercambian todo tipo de información.

—El ordenador tiene placa madre y las mujeres instinto maternal.

—Tardas mucho más tiempo en ponerla a punto que en disfrutarla.

—En ciertas fechas pueden dejar de funcionar.

—En que tienen mucha memoria pero ninguna inteligencia.

¿Cómo les dicen a las mujeres...?

¿Cómo les dicen a las chicas fáciles?
Pizzas, porque en menos de media hora se te entregan.

¿Cómo le dicen a las chicas fáciles?
Teléfono público, porque se deja usar por una moneda.

¿Cómo le dicen a las chicas fáciles?
Tabla del 1, porque resulta demasiado fácil.

¿Cómo le dicen a las chicas fáciles?
Vaso de agua, porque no se le niega a nadie.

¿Cómo le dicen a las chicas fáciles?
Hamburguesa de autocine, porque se la comen dentro del automóvil.

¿Cómo le dicen a las chicas fáciles?
Gripe, porque si te agarra te lleva a la cama.

¿Cómo le dicen a las chicas fáciles?
Escalera de pintor, porque la suben por los dos lados.

¿Cómo le dicen a las chicas fáciles?
Macarena, porque la tocan en todos los bailes.

¿Cómo le dicen a las gorditas?
Boliche de indios, porque no entra ningún vaquero.

¿Cómo le dicen a las que no tienen busto ni cola?
Galera de mago: nada por aquí; nada por allá.

Preguntas machistas

¿En qué se parece una mujer a un globo aerostático?

En que el globo tiende a subir y la mujer sube a tender.

Si a una mujer la atropellan en la calle, ¿quién tiene la culpa?

La mujer, por haber salido de la cocina.

¿Cómo puede una mujer perder el 90% de su inteligencia?

Enviudando o divorciándose.

¿En qué se parece una mujer a un compás?

Sólo te sirve con las patas abiertas

¿Qué hace una mujer después de hacer el amor?

Estorbar.

¿Por qué las mujeres no han ido a la luna?

Por que todavía no se necesita hacer limpieza allá.

¿En qué se parece una mujer a un delfín?

En que se supone que los dos tienen inteligencia pero son incapaces de comunicarse con el hombre.

¡Era una mujer tan tonta que hasta las otras se dieron cuenta!

¿Quién cae primero de un edificio, un negro, Superman o una mujer inteligente?
El negro, porque los otros dos personajes son ficticios.

¿En qué se parece una mujer a un cepillo de dientes?

Cuanto más viejas, más se abren las cerdas.

¿Que haría el hombre si se acabaran las mujeres?

Pues domesticaría otro animal.

¿Por qué las mujeres tienen los pies más pequeños que los hombres?

Para no tener dificultad en meterlos debajo del fregadero.

¿Qué es mejor, comer o hacer el amor?

Comer, porque después no te tienes que abrazarte al plato y darle besitos durante media hora.

¿Qué tiene que tener una mujer en las orejas para verse sexy?

Las piernas.

¿Qué tiene una mujer anciana entre los senos? El ombligo.

¿En qué se parece una mujer a una ficha de damas?

En que ambas se corren con el dedo.

El ser humano es un animal inteligente. Salvo la excepción, que tiene la regla.

Dios hizo al hombre y descansó. Pero luego hizo a la mujer y ya no hubo Dios que descansara.

A las mujeres les gustan los hombres callados porque se creen que las están escuchando.

¿Qué hace una mujer entre dos puertas?
Perderse en un laberinto.

¿Para qué inventó Dios el alcohol?
Para que las gordas, bajitas y feas pudieran perder la virginidad.

Un hombre y una mujer se pegan un tiro en la sien. ¿Quién tiene más posibilidades de sobrevivir?
La mujer. Sería mucha casualidad que se lo pegara en el cerebro.

¿Cómo enciende una rubia la luz después de hacer el amor?
Abriendo la puerta del coche.

¿En qué se parece una mujer a una cerveza?
Las hay rubias, morenas, ambas engordan y del cuello para arriba están vacías.

¿Por qué las mujeres viven más que los hombres?
Porque no se casan con mujeres.

¿Por qué las mujeres tienen tanta facilidad para los idiomas?

Porque las instrucciones de las lavadoras vienen en varios idiomas.

¿Por qué las mujeres no pueden contar hasta 100?

Por que cuando llegan a 69 tienen la boca llena.

¿Por qué una mujer no puede ser inteligente?
Porque entonces sería hombre.

¿Cuál es la diferencia entre Puta e Hija de Puta?
La puta es la que se acuesta con todos los hombres, y la hija de puta es la que se acuesta con todos los hombres, menos contigo.

¿Por qué las mujeres cierran los ojos al hacer el amor?

Por que no les gusta ver como disfrutamos los hombres.

¿Qué es en tenis un doble mixto?
Un single de hombres con obstáculos.

¿Por qué las mujeres se pintan los labios cuando hay un semáforo en rojo?

Porque no tienen bolas para rascarse.

Se dice que el perro es el animal más fiel que tiene el hombre. Entonces, ¿por qué si una mujer le es infiel al hombre se le dice perra?

¿Qué es una cabeza?

Es lo que los hombres se rompen para salir adelante y las mujeres se cuidan para lucir el peinado.

El cerebro femenino es una máquina asombrosa, se pone en marcha en el mismo instante del nacimiento y sólo detiene su funcionamiento en el momento en que la mujer está hablando.

¿En qué se parece una esposa a una bata vieja?
Que ambas están arrugadas, te da lástima tirarlas y no puedes creer que esa cosa te haya calentado alguna vez.

¿Por qué los hombres son más inteligentes y las mujeres más habladoras?
Porque los hombres tienen dos cabezas y las mujeres cuatro labios.

¿Por qué las mujeres tienen cuatro labios?
Los dos superiores para meter la pata, y los dos inferiores para arreglar la metida de pata.

¿Cómo entretendrías a una mujer durante un buen rato?
Dándole una hoja que en las dos caras dice: "Dale la vuelta".

¿Cómo se puede ascender a una mujer?
Construyendo la cocina en el segundo piso.

¿Cuál es el femenino de gato? Gata.
¿Y el femenino perro? Perra.
¿Y el femenino de siesta? Lavar los platos.

¿Por qué la Estatua de la Libertad es mujer?
Porque tenía que tener la cabeza hueca para incluir el mirador.

¿Qué diferencia hay entre una hechicera y una bruja?
Cinco años de matrimonio.

¿En qué se diferencian las mujeres de las focas?
En que unas tienen bigotes y huelen a pescado. Y las otras viven en el mar.

¿Cuál es la diferencia entre una bola de bolos y una mujer?
A la bola de bolos sólo le puedes meter tres dedos.

¿Qué es un travesti?
Una mujer con cerebro.

¿Qué es hacer el amor?
Es lo que hace la mujer con el hombre, mientras éste hace el coito.

¿Por qué los chistes de hombres siempre ocupan dos líneas?
Para que los entiendan las mujeres.

¿Por qué las mujeres deberían estudiar en un submarino?
Porque muy en lo profundo son inteligentes.

¿Por qué hizo Dios antes a los hombres que a las mujeres?

Para que tuviéramos oportunidad de hablar un poco.

¿Cuál es la forma de conseguir que una mujer pase un fin de semana divertido?

Le cuentas un chiste el jueves por la tarde.

¿Qué tienen las mujeres una vez al mes y les dura tres o cuatro días.

El sueldo del marido.

¿Que hace una mujer después de estacionar el automóvil?

Sacar los papeles del seguro.

Las mujeres serían los seres más maravillosos de la creación si no fuera porque para estar en sus brazos hay que caer antes en sus manos.

La mujer es el único "elemento matemático" que cumple con las cuatro reglas básicas:

1. Suma gastos. 2. Resta alegrías. 3. Multiplica los problemas 4. Divide las opiniones.

Las frases que hicieron historia (I)

Tengo nervios de acero. (Robocop)

Creo en la reencarnación. (Una uña)

X. (Un analfabeto)

Mi novio es una bestia. (La Bella)

Mi mamá es una rata. (Mickey)

Estoy hecha una vaca. (Un toro gay)

En casa nos llevamos a las patadas. (Kung Fu)

Me gusta la humanidad. (Un caníbal)

Al fin solos. (El Llanero Solitario)

No veo la hora de irme. (Un ciego)

¡Basta de humor negro! (Ku Klux Klan)

Mi novia es una perra. (Pluto)

Aquí el que no corre, vuela. (Un terrorista)

Mi madre es una arrastrada. (Una culebra)

Anoche me echaron un polvo que casi me mata.
(Una cucaracha)

No veo un pito. (Una monja)

Eres la única mujer de mi vida. (Adán)

Mamá, ¿qué es un rincón? (Un niño esquimal
en un iglú)

Si hay algo que me revienta, son los alfileres.
(Un globo)

Estoy encinta. (La señora de Scotch)

¡Se me estropeó el despertador! (La Bella
Durmiente)

Chistes sobre la ley y los marginales

¿Hecha la ley, hecha la trampa?

DOMICILIO

Se hablan por teléfono dos antiguos compinches de robos.

—¿Dónde estás viviendo ahora que quiero ir a visitarte?

—¿Has visto el edificio torre que hay en la avenida principal?

—¿El que está frente a la cárcel?

—Ese mismo.

—¿Tú vives ahí?

—No, enfrente.

LA COSA NOSTRA

El jefe de la mafia da instrucciones a sus muchachos, mostrándoles una foto:

—Quiero que ametrallen a este tipo, no escatimen en balas. Luego meten el cadáver en una caja de madera y la llenan de cemento. Después van a la bahía y tiran la caja en las aguas, ¿entendido?

Los mafiosos asienten y cuando van a retirarse, el capo agrega:

—Ah, un detalle más. Háganlo de manera que parezca un accidente…

PUNTERÍA AUTOMOVILÍSTICA

Un integrante del Ku Klux Klan conduce su automóvil cuando se le cruza un negro, al que le da un golpe tan grande que lo hace volar veinte metros. El hombre se baja y se acerca. El negro, muy malherido y con todo el enojo del mundo, le increpa:

—¿Usted está ciego?

—¿Cómo, ciego? ¡Si le di de lleno!

HAMPONES PRECOCES

Tres mujeres del hampa, madres todas, estaban hablando de las hazañas de sus hijos y se enorgullecían mostrando lo precoces que eran para el delito.

—Mi hijo tiene cinco años y me salió de una rapidez asombrosa —dijo una—. Entramos a un supermercado y sin que lo pudiera ver el guardia de vigilancia se robó, él solito, dos litros de leche, un yogur, un paquete de arroz y cuatro botellas de bebidas gaseosas.

—Ah, es que tú no viste a mi hijo que tiene tres años apenas —dijo la otra—. El otro día fui con él a una casa de electrodomésticos y se robó una batidora, dos radios, cinco compacteras portátiles y un DVD de última generación. Y todo sin que nadie se diera cuenta...

—Bah, lo de sus hijos no es nada comparado con el mío —dijo la tercera que tenía un embarazo de siete meses.

—¿De qué estás hablando si tú recién estás embarazada del primero? —dijo una.

—¿Qué hazaña puede haber hecho si todavía no ha nacido? —dijo la otra.

—¿Qué no? El otro día me rasque la entrepierna porque me picaba y sin que me diera cuenta me robó todos los anillos y el reloj.

EL NEGRO TOM Y LA MAFIA

Un joven intentó tener una relación sexual con la hija de uno de los Padrinos de la mafia neoyorquina. Los guardaespaldas de éste lo agarraron y lo llevaron al departamento del negro Tom, designado por el Padrino como ejecutor de todos los castigos.

El negro Tom era un individuo de tamaño descomunal y una cara que daba miedo. Cuando llegan allí, el negro Tom se estaba limpiando las uñas con un cortaplumas.

—Negro Tom, te traemos a este tipo que quiso violar a la hija del Padrino. Dice que tienes que violarlo.

El negro Tom lo miró.

—Déjenlo en un rincón que ya me ocupo —dijo mientras seguía limpiándose las uñas.

Al rato volvieron los mismos hombres con otra persona.

—Éste le robó dinero al Padrino y el jefe dice que tienes que cortarle las manos.

—Déjenlo por ahí que ya me ocupo —dijo el negro Tom y siguió limpiándose las uñas.

Más tarde trajeron a otro individuo.

—Éste persiguió a uno de nuestros hombres y lo mató. El Padrino quiere que le cortes las piernas.

—Déjenlo que ya me ocupo —dijo Tom y siguió limpiándose las uñas.

El muchachito del principio miraba todo eso con terror. Pasó un largo rato y veía que el negro Tom seguía limpiándose las uñas; muy tímidamente dijo:

—Señor Tom…

El negro Tom se dio vuelta y lo miró con fiereza.

—¿Qué te pasa?

—Nada. Sólo quería recordarle que yo soy al que tiene que violar…

CUARTEL PELIGROSO

En un cuartel ha desaparecido la billetera del capitán. Éste manda formar a la tropa en el polideportivo y dice:

—Ha desaparecido mi billetera y no quiero castigar a nadie… Voy a darle una oportunidad al que lo hizo que rectifique su acción. Pondremos una manta en el medio del polideportivo, apagaremos la luz, cada uno se irá acercando a ella, y el que tenga algo que dejar, lo dejara encima.

Ponen la manta, apagan la luz, y los soldados empiezan a acercarse a la manta. Al cabo de un rato, grita el sargento:

—¡Mi capitán, ya está!

—¿Apareció la billetera?

—No, ya se han robado la manta.

LAS QUE SE LLEVAN

Un cliente llega a la tienda de ropa.

—¡Me han robado la campera de cuero que me vendiste el otro día!

—Ya te dije que era de las que se llevaban últimamente.

DENUNCIA POLICIAL

Un policía golpea en una casa y sale a atenderlo un hombre de aspecto rudo.

—Señor, su mujer vino a la jefatura a contarnos que sufrió malos tratos de su parte.

—No puede ser que haya dicho algo porque la boca se la dejé bien hinchada.

CARCELARIO

En una cárcel, dos presos están charlando.
—Esto es increíble. La semana pasada me
robaron mi peine, ayer me robaron la cuchara y
hoy me robaron el cepillo de dientes.
—¿Y qué esperabas encontrar en una cárcel?

LADRÓN CON MIEDO

Dos hombres se aprestan a robar en una enorme mansión. Cuando llegan ven un cartel que dice: "Cuidado con el enorme perro que tenemos".

—Mejor no entremos —dice uno, asustado—. Ahí dice que hay un perro enorme.

—No le hagas caso, eso lo ponen todos para asustar.

—Puede ser que tengas razón, pero yo voy a mirar para adentro.

El ladrón se trepa en el muro y lo primero que ve es la antena parabólica puesta en el jardín. Baja corriendo y, más asustado aún, dice:

—Vamos, no entremos en esa casa.

—¿Viste al perro?

—Al perro no, pero vi el plato donde come.

Mujeres, siempre mujeres...

Errar es humano. No darse cuenta del error,
es femenino.

Las mujeres han sido hechas para ser amadas,
no para ser comprendidas.

Si las mujeres fueran buenas,
Dios ya tendría una.

No importa cuántas veces un hombre casado
cambie de trabajo, siempre sigue
con la misma jefa.

Las mujeres son como las olas, vienen,
rompen y se van.

Ninguna mujer se casa por el interés.
Sólo les importa el capital.

Lo que natura no da, silicona lo soluciona.

Si te he visto no me acuerdo. Si te desvisto
no me olvido.

Las vírgenes que se meten de monjas
no tienen cura.

Las mujeres son como las fotos, se revelan en la
oscuridad.

Ya sé que no te quiero como cuando éramos
novios, pero… es que a mí nunca me han
gustado las mujeres casadas.

El amor es una enfermedad, porque siempre
se termina en la cama.

En materia de encantos, hay chicas que tienen
menos culo que la familia Kennedy.

¿Machista, yo? Machista es Dios,
que fue quien las hizo inferiores.

Era un hombre que hablaba a tontas y a locas.
Su profesión era la de dar conferencias
para mujeres.

Chistes sobre la bebida y otros excesos

¿El árbol va del suelo a la copa y nosotros de la copa al suelo?

CAMPAÑA ANTIALCOHÓLICA

Hablan dos tipos en un bar.

—Aunque no lo creas, yo gasto 100 dólares semanales en la lucha contra el alcoholismo.

—No digas disparates, si tú bebes más que ninguno.

—Por eso te digo. Cuanto más bebo yo, menos beben los demás...

TEST ETÍLICO

Un hombre entra a un bar y ordena un whisky. Minutos después otro. El barman observa que el hombre a la vez que bebe, introduce su mano en el bolsillo y saca algo, lo mira, y lo vuelve a guardar. Cuando su curiosidad no resiste más, le pregunta:

—¿Qué es lo que sacas del bolsillo y miras con tanta insistencia?

—Es una foto de mi suegra. Cuando empiezo a verla simpática, es hora de parar de beber.

UN BORRACHO LÚCIDO

Dos amigos están en un bar bebiendo a mares. De pronto, uno de ellos le dice al otro:
—¡Para ya de beber que te estás poniendo borroso!

BORRACHO VERGONZANTE

Un hombre con el rostro muy lastimado se encuentra con un amigo.

—¿Cómo te accidentaste?

—No, me pegó mi mujer.

—¿Por qué?

—Porque llegué borracho a casa. Cada vez que entro alcoholizado me golpea. Encima, como lo hace con la ventana abierta me ven los vecinos y yo me muero de vergüenza. Pero cuanto más me pega, más me desespero y más bebo. No sé qué hacer...

El amigo se apiada del hombre y le aconseja:

—Tengo la solución —dijo—. Cuando entres borracho a tu casa, antes de que tu mujer te golpee, bajas la persiana y gritas mucho como si fueras tú el que está pegando.

—Tienes razón. Esta noche lo voy a poner en práctica. Pero antes vamos a tomar unas copas para celebrar.

A la noche, el hombre vuelve a su casa más borracho que nunca y lo recibe la mujer:

—¡De nuevo borracho! —le grita.

El hombre corre a cerrar la persiana y mientras ella le pega, él dice, a voz en cuello:

—¡Cállate la boca! ¡En esta casa el único que manda soy yo y hago lo que quiero!

La mujer, al escuchar esto se enfurece más y de un golpe lo hace atravesar el vidrio y la persiana, y cae en medio de la vereda. Sin inmutarse, el borracho se levanta, sacude sus ropas y mirando hacia la casa, grita:

—¡Y para que aprendas, ahora me voy de copas con mis amigos!

MANO ARRASTRADA

—Hermano, ¿qué te pasó en los dedos?
—¡Ni me hables…! Un borracho me los pisó cuando yo estaba saliendo de la cantina.

SIN DINERO

Un hombre llega a su casa algo entonado por el alcohol. La mujer lo encara:

—¿Como te atreves a venir a casa medio borracho?

—Es que se me acabó el dinero en mitad de la farra.

CUIDADOSO

Dos amigos, bastante alcoholizados, conversan en una esquina.

—El otro día, caminado por la calle, tuve la desgracia de caerme cuando llevaba un litro de vino conmigo.

—¡Qué infortunio! ¿No me digas que lo derramaste?

—No, no abrí la boca para nada.

BUEN PALADAR

Un hombre entra a un bar y pide una cerveza. El mozo pone el posavasos y sobre él deposita el chop. Al rato pide otra cerveza, el mozo vuelve con el posavasos y el chop. Un tiempo después, el hombre vuelve a llamar al mozo.

—¿Le traigo otra cerveza?

—Sí, tráigame otra, pero sin las galletitas. Estaban un poco rancias.

PROBLEMAS

Un hombre, muy borracho, está en la barra de un bar charlando con un ocasional parroquiano.

—Discúlpeme —le dice el parroquiano—, pero, ¿por qué bebe tanto?

—Es que tengo un problema.

—¿Qué problema tiene?

—La bebida.

EQUIVOCACIÓN

Un borracho está frente a la puerta de su casa y trata de abrirla metiendo un supositorio en la cerradura. Pasa un vecino y lo ve en esa absurda tarea.

—Perdone, pero con un supositorio no va a poder abrir la puerta.

El borracho mira el supositorio.

—Pero, entonces, ¿dónde metí la llave?

ELECCIÓN

En una discoteca, un joven con varios whiskies de más, molesta a una joven durante largo rato. Al final, ella se cansa y lo encara directamente:

—¿Se puede saber qué es lo que quieres de mí?

—Ah, ¿puedo elegir?

BEBIDA ESPECIAL

Un borracho llega a un local de venta de licores.

—Por favor, déme la bebida de Shakira.

—¿Cuál es esa bebida? —pregunta el vendedor, extrañado.

—Es esa que te deja loco, sordo, ciego, mudo…

MACHO CELTA

En un bar, un hombre le pregunta a otro:

—¿Sabés como se reconoce a un maricón en Irlanda?

—No, ¿cómo se reconocen?

—Son aquellos que prefieren las mujeres al alcohol.

DISCRIMINADO

Un hombre borracho y peleador, entra en un bar a seguir tomando, pero apenas pone un pie ahí, grita:

—¡En este bar todos son unos mal paridos!

Un negro enorme se levanta y va hacia el hombre.

—A mí nadie me dice mal parido —y le da una trompada que lo saca del bar a la calle.

El borracho se reincorpora y vuelve a entrar al bar y, agresivo como siempre, vuelve a gritar:

—¡En este bar todos son unos mal paridos, menos aquel negro!

El negro se levanta de nuevo y se le acerca.

—A mí no me discrimina nadie —y le da otra trompada.

PALABRA CUMPLIDA

El marido llega borracho a su casa. La mujer lo increpa:

—¡Me habías prometido que no ibas a poner un pie en la cantina nunca más!

—Y he cumplido, querida.

—Me estás mintiendo, te emborrachaste en la cantina.

—Eso es cierto, pero no puse un pie ahí. Entré gateando y me sacaron en brazos.

ESCALERA SERVIDA

Dos hombres salen de una fiesta totalmente borrachos y tienen ganas de orinar. Pasan por un edificio torre en construcción y le piden al sereno si les permite pasar al baño.

—Sigan al fondo, doblen a la derecha, bajen dos escalones y allí encontrarán el baño.

Los borrachos siguen las indicaciones pero doblan a la izquierda en lugar de la derecha. A la izquierda estaba el pozo del ascensor y se caen en él. Uno de los borrachos, muy magullado, se reincorpora y le dice al otro:

—¿Qué hacemos? ¿Orinamos acá o bajamos el otro escalón?

CANTINERO DE MALA BEBIDA

Un hombre muy borracho entra a un bar y grita:

—¡Tragos para todos!

Todos los del bar corren a la barra a tomar el trago invitado. El borracho se acerca al mostrador.

—Cantinero, tómese un trago usted también.

El cantinero agradece, sirve a todos y él se toma una copa. Al final, le trae la cuenta al borracho. Éste mira lo que quiere cobrarle y dice:

—No puedo pagarle esto ni nada. No tengo un peso…

El cantinero lo toma del cuello, lo lleva hasta la puerta y de una patada lo manda afuera.

A la noche siguiente, como si tal cosa, vuelve el borracho al mismo bar. Apenas entra grita de nuevo:

—¡Tragos para todos!

Enseguida se acuerda de lo que le había pasado la noche anterior y agrega: Para todos, menos para el cantinero, que cuando toma una copa se pone agresivo.

Avisos clasificados

Se solicita campeón de karate para cobrar cuentas a domicilio.

Cortes de cabello para damas y caballeros. Si el corte no es de su agrado, le devolveremos su cabello.

En una casa de electrodomésticos:
"No mate a su esposa, deje que nuestras lavadoras hagan el trabajo sucio".

Cartel en una pizzería:
"Tenemos un trato con el banco: ellos no venden pizzas y nosotros no aceptamos cheques".

Chico tímido busca... este... uhhh... No, nada...

¡Si tu suegra es una joyita, nosotros tenemos el mejor estuche!
Funeraria "El descanso eterno".

Hombre de buenas costumbres, busca alguien que se las quite.

Divorcios en 24 horas. Satisfacción garantizada o le devolvemos a su cónyuge.

Viuda negra busca tipo millonario para casarse hasta que la muerte nos separe.

Buscotécnicoparaarreglarmibarraespaciadora.

Cambio caja de juguetes por revistas porno.

Se necesita cama con muchacha adentro.

Cambio preservativo roto por ropa de bebé.

Cambio suegra por cualquier animal salvaje. Pago la diferencia.

Joven soltero y sin compromiso alquila media cama.

Paloma solitaria busca nido confortable.

Chistes sobre las divinidades

¿Somos todos hijos de Dios o algunos sólo parientes lejanos?

CIELO VERSUS INFIERNO

Un ingeniero murió y su alma llegó a las puertas de San Pedro, porque es sabido que los ingenieros, por su honestidad, siempre van al Cielo. San Pedro buscó en su archivo, pero no pudo encontrar su nombre en la lista de admisión.

—Lo lamento —dijo San Pedro—, pero no estás en las listas de ingreso. No te puedo dejar entrar.

—Y ahora, ¿a dónde voy?

—Lo lamento, pero sólo te queda como opción ir al Infierno.

El ingeniero, resignado, se fue a las puertas del Infierno, donde le dieron albergue enseguida.

Al pasar los días el ingeniero se cansó de padecer las incomodidades del Infierno, y se puso a diseñar y construir mejoras. No pasó mucho tiempo y ya tenían sistema de monitoreo de cenizas, aire acondicionado, escaleras eléctricas, equipos electrónicos, redes de telecomunicaciones, programas de mantenimiento, sistemas de control visual, sistemas de detección de incendios, termostatos digitales, entre otros adelantos.

Un día, Dios, como hacía habitualmente, llamó al Diablo por teléfono para intercambiar información.

—¿Cómo andan las cosas por ahí?

—Formidables. Desde que tenemos al ingeniero, el Infierno es un lugar maravilloso para vivir.

—¿Cómo es que tienen un ingeniero? —gritó Dios por el tubo—. ¡Los ingenieros pertenecen al Cielo!

—Bueno, éste vino para acá, y como nos está resultando muy beneficioso lo tendremos para siempre.

—¡No, señor, tienes que devolverlo al Cielo, que es su lugar!

—¿Estás loco? No te devuelvo nada...

—Devuélvelo o te demandaré.

El Diablo, al escuchar esto, largó una estruendosa carcajada.

—¿A sí? ¿Me piensas demandar?

—¡Por supuesto que te voy a demandar!

—¿Y de dónde vas a sacar un abogado?

SALVACIÓN

Una feligresa muy jovencita y hermosa va a confesarse.

—Padre, aunque me da vergüenza confieso que cada día tengo más deseos de acostarme con un hombre y sé que es pecado. ¿Cree que me puedo salvar?

—Mira, hija, esta noche te salvas porque tengo un funeral, pero mañana no te salva ni Dios.

SEGUNDONES

Durante la misa en un pueblito, el cura empieza el sermón:

—Hermanos, con dolor debo decirle que he recibido una carta del señor obispo que me dice que este pueblo es el segundo más blasfemador de toda la provincia.

Uno de los feligreses se levanta, indignado.

—¡Me cago en la hostia! ¡Para el año que viene queremos ser los primeros!

SÚPLICA

Antes de tener relaciones sexuales, una joven reza:

—Virgen María, tú que concebiste sin pecar, haz que yo peque sin concebir.

MESÍAS ACCIDENTADO

Jesús iba en bicicleta cuando golpea contra una piedra y cae. Queda bastante malherido, al punto de que le costaba levantarse. Comenzó a agolparse la gente y uno gritó:

—¡Rápido, llamen a la Cruz Roja!

Jesús se reincorporó rápidamente y dijo:

—No, no, aquí no pasó nada…

EN LAS PUERTAS DEL CIELO

San Pedro está en las puertas del Cielo y ve llegar un alma.

—Para entrar tiene que identificarse —dice San Pedro.

—Soy Albert Einstein.

—¿Seguro? ¿Puedes probarlo?

Einstein toma un lápiz y hace unas ecuaciones prodigiosas sobre la mesa de San Pedro.

—Eres Einstein. Puedes entrar.

Al tiempo llega otra alma.

—¿Su nombre? —pregunta San Pedro.

—Pablo Picasso.

—¿Puede probarlo?

Picasso toma un lápiz y hace unos dibujos maravillosos sobre la mesa de San Pedro.

—Eres Picasso. Puedes entrar.

Mucho tiempo después llega otra alma.

—Identifíquese —dice San Pedro.

—Soy George W. Bush.

—¿Puede probarlo?

—Yo no tengo que probar nada —dice Bush, enojado.

—Pues tendrá que hacerlo si quiere entrar. Einstein y Picasso lo hicieron.

—¿Y quiénes son Einstein y Picasso?

San Pedro, sin dudar, dijo:

—Eres Bush. Puedes entrar.

MALA GENTE

Jesús está celebrando la última cena, y dice:

—Pedro, tú me negarás tres veces. Judas, tu me venderás por treinta dineros. Mateo, tu meterás tus dedos en mis heridas...

De pronto, Juan se levanta de la mesa. Jesús, sorprendido, le pregunta:

—Juan, ¿a dónde vas?

—Me voy a comer a la barra. No puedo cenar en la mesa donde hay tanta gentuza...

MODERNIDAD

El obispo llama a un cura joven que oficiaba en el lugar desde hacía poco tiempo. Un poco enojado le dice:

—Vea, hermanito, no me parece mal que use jeans en lugar de sotana. Está bien. Que se ponga camisas hawaianas en lugar de una gris, puede ser. Está bien. Que se deje el pelo largo y que se lo ate con una cinta. Está bien. Que use un arito en la oreja, también está bien. ¡Pero lo que no le puedo permitir es que en Semana Santa usted haya puesto en la iglesia un cartel que decía: "Cerrado por defunción del hijo del Jefe".

COMPROBACIÓN BÍBLICA

Jesús está crucificado junto con los dos ladrones. Gira su cabeza hacia uno y pregunta:
—¿Tú me amas?
—Sí, maestro, yo lo amo.
Enseguida gira hacia el otro y le dice:
—¿Viste? Yo te dije que era marica.

AMORES MEZCLADOS

Un joven médico deja embarazada a su amante y cuando ésta va a parir, para que nadie se entere, la lleva a su clínica, justo en el día en que un cura venía a operarse de la próstata. El médico, de mucha imaginación y gran ingenio, decide encajarle el bebé al religioso, y le dice:
—Mire, ha ocurrido un milagro. No era que usted tenía mal la próstata, es que estaba embarazado y ha tenido un hermoso bebé.
El cura, ignorante en cuestiones de reproducción, se lleva al niño y lo cría como si fuera su hijo. Cuando éste tiene 18 decide hacerle una confesión.
—Te tengo que decir una verdad que he ocultado siempre: yo no soy tu padre.
El joven sorprendido, exclama:
—¡No eres mi padre?! ¿Qué eres mío? ¿Mi tío?
—No soy tu padre, soy tu madre… Tu padre es el obispo.

EL PAJARITO

El cura del pueblo tenía un hermoso pájaro y una mañana descubre la jaula vacía. Pensó que podía haber volado o que alguien lo sustrajo, y como el pueblo era chico, decidió preguntar con suma delicadeza por el animalito en la misa del domingo.

Ese domingo, en el momento del sermón, el cura preguntó:

—¿Alguno de ustedes vio un hermoso pájaro?

Todas las mujeres levantaron la mano. El cura vio que no habían entendido la pregunta y fue más directo:

—No, digo si alguno de ustedes tiene un hermoso pájaro.

Todos los hombres levantaron la mano. El cura se dio cuenta que la pregunta era muy imprecisa y volvió a reformularla:

—No, no, no. Les preguntó si alguno de ustedes vio mi hermoso pájaro.

Todas las monjas levantaron la mano.

EMPRESA LÍDER

El empresario más eminente que haya existido fue Noé: mantuvo su empresa a flote mientras al resto del mundo lo tapaba el agua.

VEREDAS ROTAS

A un pueblito va a llegar un nuevo cura, y en el bar están hablando el alcalde y el maestro sobre ese tema.

—¿Sabrá el nuevo cura que acá las mujeres dicen tropezar cuando se refieren a cometer adulterio?

—No creo.

—¿Se lo decimos?

—No, que se entere él solo.

El primer día de confesión, pregunta:

—¿Has cometido algún pecado?

—He tropezado, padre.

—Vamos, hija, eso no es pecado. Ve con Dios.

De esa manera van pasando todas las mujeres del pueblo, muchas de ellas confesando que habían tropezado. El cura, con cierta intriga, va a verlo al alcalde.

—Señor alcalde, usted debería hacer algo con las veredas de este pueblo. Casi todas las mujeres viven tropezando.

El alcalde no puede reprimirse y estalla en una risa estentórea y no puede parar de reírse. El cura lo mira asombrado y molesto por la actitud absurda del hombre.

—¿No sé por qué se ríe tanto? Su mujer, por ejemplo, es la que ha tropezado más veces…

VISITA ETERNA

Un chico de una congregación religiosa está haciendo una colecta con una alcancía y se acerca a un señor muy anciano.

—¿Señor, no me da una limosna?

—¿Para quién es?

—Es para dársela a Dios.

—Ah, entonces dame la alcancía a mí, que a Dios lo voy a ver antes que tú.

PEDIDOS

Un pastor conversa con un amigo.

—Como venían pocos fieles a la iglesia, puse un cartel que decía: "Si está cansado de pecar, entre a la casa de Dios".

—¿Y qué respuesta tuviste?

—Que al otro día habían escrito abajo: "Si no está cansado, llámeme. Pamela. Teléfono…".

HÁBITOS Y HÁBITOS

¡Qué desubicados son algunos tipos! Un señor que había inaugurado una lavandería al lado de un convento, para hacerle propaganda a su nuevo negocio fue a hablar con la madre superiora y le preguntó, sonriendo, ¡si tenía algún hábito sucio!

SPONSORS CELESTIALES

Hay una crisis en el sector de la avicultura italiana y el gremio se está arruinando. Hacen una reunión entre todos los granjeros y a uno se le ocurre la idea de ir al Vaticano a proponer un negocio que salvará sus empresas. Llega hasta el Santo Padre y le dice:

—Los del sector avícola estamos dispuestos a hacer un donativo a la Iglesia de diez millones de euros si en el Padrenuestro, donde dice "el pan nuestro de cada día", pone "el pollo nuestro de cada día".

—No, está diciendo una blasfemia —
se enoja el Papa.

—¿Por cincuenta millones?
—insiste el granjero.

—Tampoco.

—¿Y por cien millones…?

—Comprenda que no podemos manipular la palabra de Dios.

—¿Mil millones?

Frente a esa cifra el Papa se da por vencido.

—Está bien, lo cambiaremos…

Una semana después y antes de ponerse en vigencia el cambio, el Papa se reúne con el Consejo General del Vaticano y les dice:

—Tengo una noticia buena y

otra mala. La buena es que el Vaticano ganó mil millones de euros. La mala es que con ese negocio hemos perdido nuestro viejo contrato con el gremio de panaderos.

PECADOS DE CONVENTO

En un convento las monjas no se comportaban como era debido y se rumoreaba que se encontraban con hombres. El obispo se entera y decide visitar el lugar. Hace formar a las monjas y empieza por preguntarle a la primera:

—Usted ¿ha tocado algún pene?

—Sí, con este dedito —confiesa la monja.

—Métalo en la pila de agua bendita para que se le purifique.

A la segunda monja le hace la misma pregunta.

—Sí, con esta manito —responde.

—Métala en la pila de agua bendita para que se purifique.

La monja que estaba situada en cuarto lugar se adelanta un puesto y queda delante de la tercera. El obispo la mira con desaprobación.

—¿Quién le dijo que se adelantara?

—Perdóneme, monseñor, pero por lo que hice con un pene tendré que hacerme gárgaras de agua bendita. ¡Y prefiero hacérmelas antes de que sor María meta el culo en la pila!

EL NEGOCIO DE PECAR

En España, un rabino le dice a un cura amigo que le gustaría saber que es eso de la confesión de los católicos. El cura lo invita a entrar en el confesionario para escuchar, sin ser visto, lo que dice la gente. Llega la primera feligresa.

—Padre, he pecado tres veces con mi novio.

—Reza tres avemarías y deja 6 euros en la alcancía de las limosnas... —dice el cura.

Luego llegan más, y curiosamente, todas cuentan lo mismo, o sea que han pecado tres veces con sus novios. El sacerdote, como en la primera, le dice que rece tres avemarías y deje 6 euros en la alcancía. Está en eso cuando llega el monaguillo y le dice al cura que tiene que ir a dar una extremaunción urgente. Como hay mucha gente haciendo fila para confesarse, el cura le pide al rabino que se lo sustituya.

—Usted ya vio como es esto —le dice el cura—. Escucha la confesión, les da la penitencia y les pide la limosna.

—Vaya tranquilo que puedo hacerlo bien —dice el rabino.

Al quedar solo, llega otra chica y confiesa que pecó dos veces con su novio. El rabino piensa un instante.

—Mira, hija —dice al cabo de un momento—, reza tres avemarías, deja 6 euros en la alcancía y vuelve con tu novio porque la penitencia y la limosna te alcanzan para pecar una vez más.

FÁBULA

En el principio de los tiempos, Dios creó al burro y dijo:

—Serás burro, trabajarás de sol a sol, cargarás sobre tu lomo todo lo que te pongan y vivirás 30 años.

—Señor —le contestó el burro—, seré todo lo que me pides, pero 30 años de vida es mucho. ¿Por qué mejor no me das 10 años?

Dios aceptó la propuesta y creó al burro.

Luego creó al perro.

—Serás perro, cuidarás la casa de los hombres, comerás lo que te den y vivirás 25 años.

El perro contestó:

—Señor, seré todo lo que me pides, pero 25 años de vida es mucho. ¿Por qué no mejor 10 años?

Dios aceptó el pedido y creó al perro.

Después creó al mono.

—Serás mono, saltarás de árbol en árbol, harás payasadas para divertir a los demás y vivirás 15 años.

—Señor —dijo el mono—, seré todo lo que

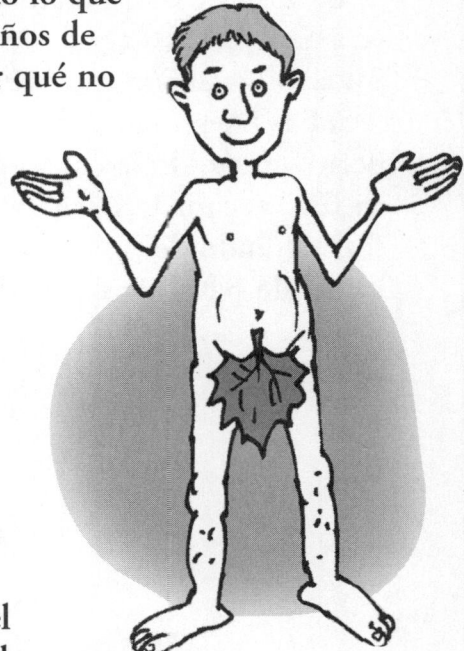

me pides, pero 15 de vida años es mucho. ¿Por qué no mejor 5 años?

—Así será —dijo Dios y creó al mono.

Finalmente, Dios creó al hombre.

—Serás el más inteligente de la tierra, dominarás el mundo y vivirás 30 años.

El hombre, que había visto las creaciones anteriores, pensó un rato y le contestó:

—Señor, seré todo lo que me pides, pero 30 años de vida es poco. ¿Por qué no me das también los 20 años que no quiso el burro, los 15 que no aceptó el perro y los 10 que rechazó el mono?

A Dios le pareció justo el pedido y creó al hombre.

Y he aquí en qué terminó esta historia:

El hombre vive 30 años como hombre. Luego se casa y vive 20 años como burro, trabajando de sol a sol y cargando sobre su espalda el peso de la familia. Luego se jubila y vive 15 años como perro, cuidando la casa y comiendo lo que le den. Al final termina viviendo 10 años como mono, o sea, saltando de casa en casa de los hijos y haciendo payasadas para divertir a los nietos

PARIENTES

En una reunión se presentan dos personas. Una de ellas, al oír el nombre de la otra, dice:

—Qué casualidad, cuando yo iba al colegio había una monja que tenía el mismo apellido. Podría ser pariente suyo.

—¿Cuál era el nombre de pila?

—Ah, eso sí que no me acuerdo, porque todos le decíamos Madre.

—Entonces es seguro que es pariente mía. Es el nombre de mi mamá…

DESCUBIERTOS

Dos hombres, en una callejuela de Jerusalén, caminan de prisa, tapándose los rostros con sus pañuelos. Se detienen frente a un burdel y entran rápidamente. Eligen dos chicas y los cuatro entran al dormitorio. Comienzan a sacarles la ropa, pero ellos tratan de mantener la cara oculta. Una de ellas le baja a un hombre los pantalones y ve que tiene unos genitales enormes.

—¡Oh, Jesús! —grita asombrada por lo que está viendo.

El hombre, asustado, le dice a su compañero:

—Pedro, salgamos de aquí que nos reconocieron…

EXPERTO

Dos delincuentes asaltan a un par de monjas y luego de despojarlas de sus pertenencias las comienzan a violar. Una de ellas, mientras es violada, comienza a suplicar:

—¡Dios mío, perdónalos porque no saben lo que hacen…!

La otra la mira y grita:

—¡El tuyo no sabrá, porque el mío es un experto!

DIVINO PARTIDO DE GOLF

Disputando un juego de golf están Moisés, Jesús y otros participantes. En el hoyo considerado como el más difícil —tenía un lago en el medio— Moisés tiró primero. La pelota cayó en el medio del lago y se hundió. Moisés caminó hasta el borde, alzó su palo, hizo que se abrieran las aguas, bajó caminando hasta donde estaba la pelota y, de un golpe, la sacó del fondo y la puso en el green. Con otro golpe la metió en el hoyo. La gente que seguía el juego aplaudió emocionada.

Luego le tocó el turno a Jesús. La pelota también fue derecho al lago pero, en lugar de hundirse, se detuvo suspendida a escasos centímetros de la superficie. Jesús caminó sobre las aguas y con un golpe preciso, mandó la pelota directamente al hoyo. La ovación de la gente fue ensordecedora.

Por último, le tocó el turno a un viejito de larga barba. Tiró y su pelota cayó en el lago y se hundió. Al ver esto, el público hizo un respetuoso silencio, ya que no le veían al viejo ninguna posibilidad de poder sacarla de ahí. Pero, de pronto, saltó un pez del agua llevando la pelota en su boca. Justo en ese momento pasó un águila que tomó al pez con sus garras y se alejó volando por el límpido cielo llevándolo en su pico. Luego, salida de la nada, apareció una nube negra, y de ella brotó un rayo que, pegando certeramente en la cabeza del águila, la hizo caer. En su descenso, el ave soltó al pez, el pez soltó la pelota y ésta cayó exactamente en el hoyo.

Primero se hizo un silencio dramático ante tamaña casualidad, y luego la gente enloquecida irrumpió en un cerrado aplauso para el viejito que recibía el homenaje con mucha humildad.

Jesús, algo enojado, se acercó al viejito y le habló por lo bajo:

—Papá, déjate de joder…

DISTINTOS MOTIVOS

En un seminario el Padre Superior está a punto de ordenar sacerdotes a tres jóvenes, pero tiene sus dudas acerca de la vocación de ellos y no sabe si cumplirán con los votos de castidad. Es así que compra una revista *Playboy* y les hace atar una minúscula campanita en la punta del pene.

Llama al primero, le enseña la portada de la revista e inmediatamente se escucha desde la entrepierna: "Tilin, tilin..."

—¡Qué escándalo! —exclama el Padre Superior—. Vaya ahora mismo a tomar una ducha fría, a ver si arreglamos esto que le pasa.

Llama al segundo, le enseña la portada, pero no pasa nada. Abre la revista, le muestra el póster central y entonces se oye: "Tilin, tilin...".

—¡Vamos, usted también vaya al baño a darse una ducha fría!

Llama al tercero, le enseña la portada, el póster y al final toda la revista, de punta a punta, pero no pasa nada.

—Muy bien, joven, estoy sinceramente orgulloso de ti. Te voy a ordenar sacerdote, pero, por las dudas, ahora mismo date una ducha con los otros dos...

Al decir esto, se escucha desde su entrepierna: "Tilin, tilin, tilin, tilin, tilin, tilin, tilin, tilin, tilin...".

ELIGIENDO EN LA ETERNIDAD

Un político de un importante partido muere repentinamente y su alma asciende al Cielo.

—Bienvenido al Paraíso —le dice San Pedro—. Pero contigo hay un problema.

—¿No merezco el Paraíso?

—No es eso, lo que pasa es que muy raramente un alto político ha llegado aquí y no estamos seguros si este sitio te va a gustar. Quisiera que pasaras un día en el Infierno y otro en el Paraíso, y luego tú eliges dónde pasar la eternidad.

—No es mala idea. Para elegir hay que conocer —dice el político.

Cuando llega al Infierno, puertas se abren y se encuentra justo en medio de un verde campo de golf. A lo lejos hay un club y de pie delante de él están todos los amigos políticos que habían trabajado con él, vestidos elegantemente y muy contentos. Corren a saludarlo, lo abrazan y recuerdan los buenos tiempos. Juegan golf a la noche cenan en un restaurante lujoso, luego van al Casino y terminan la velada acompañados por hermosas mujeres divertidas y liberales. Se divierten tanto que las horas se le pasan volando.

Antes de irse, el Diablo le da un apretón de manos y lo saluda mientras sube al ascensor, hacia el Paraíso, donde lo espera San Pedro.

—Ahora es el momento de conocer el Paraíso.

Así que el político pasa todo ese día caminando de nube en nube, tocando el arpa y cantando. Todo muy tranquilo, sin música fuerte, sin bailes y sin grandes comidas. Al otro día San Pedro va a buscarlo para que decida.

—¿Qué eliges, el Infierno o el Paraíso?

El político piensa un momento y luego dice:

—Bueno, el Paraíso es lindo, pero creo que la pasaré mejor en el Infierno.

San Pedro acepta su elección y lo lleva al Infierno. Cuando el político abre la puerta ve que no hay campo de golf, ni club ni restaurante sino un enorme basural. Sus amigos visten harapos y están recogiendo desperdicios. El Diablo se le acerca para saludarlo.

—No entiendo —le dice el político al Diablo—. Ayer estuve aquí y todo era hermoso, divertido y daban ganas de quedarse para siempre. Esto que veo hoy es un desastre, un espanto...

—Es que ayer estábamos en campaña —dice el Diablo—. Hoy ya votaste...

GENIO POCO ATENTO

Un hombre se encuentra con un amigo que hace mucho no veía. Lo saluda y ve que éste tiene una enorme flor artificial en el ojal hecha de papel.

—¿Qué llevas ahí?

—¿No ves? Una flor.

El hombre la toca y exclama:

—¡Pero está hecha con papel de lija! ¿Cómo se te ocurrió ponerte una flor de lija?

—No fue idea mía, fue del genio.

—¿Qué genio?

—El genio de la lámpara.

—No me hagas bromas, los genios de las lámparas no existen.

—Yo tampoco creía, pero me encontré una lámpara, la froté, salió un genio y me dijo que me concedía un deseo.

—¡Qué suerte tuviste! ¿Y dónde está la lámpara?

—La tengo en casa. Si quieres, te la regalo.

—¡Claro que quiero! ¿Te concede cualquier deseo?

—Cualquiera. Eso sí: sólo uno y nada más.

Van a la casa y éste le da la lámpara. Entusiasmado, corre a la suya, y cuando queda solo la frota. Sale un genio con gesto de sentirse molesto.

—¿Tienes un deseo? Vamos, dilo pronto que quiero volver a la lámpara…

—Sí, quiero un millón de pesos.

—Listo, concedido. Buenas tardes —dice el genio algo molesto. Luego vuelve a meterse en la lámpara.

Inmediatamente la casa se inunda con quesos de todo tipo. Sin que el hombre pueda impedirlo, los quesos siguen apareciendo, salen al jardín, cubren la vereda y los alrededores. El hombre desesperado va con la lámpara donde el amigo.

—Mira el disparate que hizo este genio. ¡Le pedí un millón de pesos y me trajo un millón de quesos!

—Es que este genio es así. ¿O tú te piensas que yo le pedí una flor de lija?

21 DÍAS

Un hombre tiene que viajar en avión, pero no quiere dejar sola a su mascota, un canario. Como está terminantemente prohibido llevar animales, se lo mete en el bolsillo del pantalón. Justo se viene a sentar al lado de dos monjas. A mitad del viaje se queda dormido, y como el bolsillo tenía un agujero, al cabo de un rato el canario sale de él y se asoma por la bragueta. Una de las monjas lo ve y, horrorizada, se lo comenta a la otra. Como no saben qué hacer, una de ellas le toca el hombro al señor que seguía durmiendo.

—Señor, no entendemos mucho de genitales, pero creemos que se le ha roto un huevo.

HIJO DE...

Una chica se confiesa frente al sacerdote.

—Padre, mi novio es un hijo de puta porque...

Al escuchar estas palabras, el cura la interrumpe:

—Hija, ¿cómo es que llamas hijo de puta a tu novio? ¿Qué pasó?

—Es que el otro día me tomó la mano.

El sacerdote le toma la mano:

—Mira, yo también te tomo la mano y no soy ningún hijo de puta.

—Sí, usted no, pero es que mi novio después me tocó los pechos.

El religioso, empezando a excitarse con el relato, lleva sus manos a los pechos de la joven.

—Ahora te estoy tocando los pechos y no soy un hijo de puta.

—Mi novio no se conformó con eso, y luego de tocarme los pechos me hizo el amor.

El cura no se aguanta más, la sube a un banco, le sube las ropas y le hace el amor ahí mismo. Al terminar, le dice:

—Yo también te hice el amor y no vas a decir que soy un hijo de puta.

—Usted no es un hijo de puta, pero mi novio sí.

—¿Por qué, hija?

—Porque mi novio tiene una enfermedad venérea.

—¡Qué hijo de puta!

LOS MANDAMIENTOS

Un día, el cura de un pueblito ve que le han robado su bicicleta. Como no sospecha de nadie, el sacristán le dice que el domingo, en el sermón, dé lectura a los diez mandamientos.

—Es seguro que cuando llegue a "No robarás", el que la robó se arrepentirá y se la devolverá.

Lo hace y al otro día conversa con el sacristán.

—¿Le devolvieron la bicicleta? —preguntó éste.

—No fue necesario. Cuando llegué a "No fornicarás" me acordé dónde estaba la bicicleta.

Frases que hicieron historia (II)

Que me parta un rayo (Un siamés)

Hasta mañana, si yo quiero. (Dios)

Me molesta la gente que no da la cara.
(Anónimo)

Vayamos al grano. (Un dermatólogo)

No a la donación de órganos. (Yamaha)

Yo empecé comiéndome las uñas. (La Venus de
Milo)

Ser ciego no es nada, peor sería ser negro.
(Stevie Wonder)

Yo no nací para ser el primero. (Juan Pablo II)

Cuando te fuiste, me dejaste un sabor amargo
en la boca. (Monica Lewinski)

¡Me las pagarás! (Fondo Monetario
Internacional)

¡Basta ya de realidades, queremos promesas!
(Los pobres)

Todos mis hijos tienen apellido distinto (Carlos Distinto)

Hemos batido a la competencia. (Moulinex)

No a los golpes, sí a los porrazos. (Bob Marley)

La leche engorda. (Una embarazada)

¡No más derramamiento de sangre! (Tampax)

Tengo el corazón de piedra. (Una estatua)

El coche nunca reemplazará al caballo. (La yegua)

Abajo las drogas. (Los que viven en el sótano)

¡Mi novia es una cerda! (Porky)

¡Mamá, lo sé todo! (El Pequeño Larousse Ilustrado)

Nuestra madre es tremenda loba. (Rómulo y Remo)

No al paro. (Un cardíaco)

Tengo un nudo en la garganta. (Un ahorcado)

Chistes infantiles y absurdos

¿Quién golpea la peta?

DIFICULTAD

Dos gallegos están en un bar y se cuentan parte de sus vidas. Uno le dice al otro:

—¿Has tenido años difíciles?

—Vaya si los he tenido. Tuve seis años de grandes dificultades.

—¿Cuándo fue eso?

—Fue en la escuela. Entre el primer y el segundo grado.

MAL VIAJE

Manolo, luego de un largo viaje, baja del tren muy descompuesto. El amigo que lo recibe en el andén y le pregunta:

—Manolo, ¿por qué esa cara casi verde?

—Es que viajé de espaldas al sentido del tren y eso me descompone.

—Pero, hombre —le recrimina el amigo—, le hubieras pedido al que estaba sentado enfrente de ti que te cediera el asiento y te evitabas la descompostura.

—¿Te crees que no lo pensé?

—¿Y por qué no lo hiciste?

—Porque en el asiento de enfrente no había nadie.

ZAPATERO A TUS ZAPATOS

Hablan dos polacos.

—¿Por qué usas los zapatos con los cordones desatados?

—Es que si los ato después no puedo meter los pies.

OBRAS INTELIGENTES

El gobierno polaco, para echar por tierra todo lo que se dice de la poca inteligencia de su gente, convoca a todos los sectores para que realicen una gran obra en el nivel mundial, en cualquier parte del planeta. Al año se presenta un grupo de ingenieros y le muestra su obra.

—Hemos hecho un gran puente en el desierto del Sahara.

—¡Qué disparate! —exclamó el mandatario polaco—. ¿Un puente en el desierto? Seremos el hazmerreír del mundo. Destrúyanlo inmediatamente.

—Imposible.

—¿Por qué?

—Porque se llenó de pescadores gallegos a la espera de que suba la marea.

MISIÓN IMPOSIBLE

El orate, muy medicado, consulta con su amigo:

—No sé qué hacer. Mira, el médico me recetó estas pastillas para dormir, y estas pastillas para despertarme.

—¿Y cuál es el problema?

—¿Cómo hago para tomar las segundas pastillas si estoy dormido?

DATO JUSTO

Durante un entrenamiento militar, un soldado pregunta:

—Sargento, ¿qué podemos hacer si pisamos una mina?

—Mire, soldado, el procedimiento habitual es que uno se esparza en trocitos dentro de un área circular de 30 metros de diámetro.

DESAPARECIDO

Charlan dos mujeres.

—Este verano he perdido bastante peso.

—¡Es increíble, porque no se te nota nada!

—Por supuesto que no se me nota. ¿No te dije que lo he perdido?

DESATENTOS

Un famoso conferencista comentaba:
—No me importa que la gente mire el reloj mientras hablo. Lo que me saca de quicio es que se lo lleven al oído para saber si funciona y lo sacudan…

LUZ MARÍTIMA

El capitán de un barco dijo:
—Suban las velas.
Y los de abajo se quedaron sin luz.

CARO

Charlan dos amigos.
—Ayer fui a un restaurante de lujo y me sirvieron una cena ovípara.
—¿Querrás decir opípara?
—No, ovípara: me costó un huevo.

CACOS

Un comerciante le dice a su socio:
—Ocurrió una terrible desgracia: acaban de robarnos en el negocio.
—¿Y qué robaron?
—¡Justo tu parte!

POCA VOZ

Dos amigos en la ópera:
—Este sí es un cantante de primera línea.
—Estoy de acuerdo. ¡En la segunda fila no se le oye!

ACIERTO A MEDIAS

Suena el teléfono. Atienden.
—¿Diga?
—¿Es el 4-1-5-2-3-2-2-0?
—Sí, sí, no, sí, no, no, sí, no.

VELOCISTA

Hablan dos atletas.
—Yo hago los 100 metros en 5 segundos.
—¡No puede ser! El récord del mundo es casi 10 segundos.
—Es que encontré un atajo.

PENITENCIA

En el confesionario.
—¿Qué puedo hacer para que me perdonen mis pecados, señor cura?
—Ora.
—Las tres y cuarto, pero, ¿qué puedo hacer para que me perdonen mis pecados?

CLIENTES INSATISFECHOS

Un cliente llama al camarero del restaurante.
—Mozo, esta sopa tiene gusto a insecticida.
—No hay como conformarlo a usted... ¡Ayer encontró una mosca y también se quejó!

POLICIALES

En Galicia habían muerto dos personas en un asesinato. Cuando hicieron la reconstrucción del hecho murieron dos más.

PIANISTA INEXPERTA

Dos madres hablan.
—¿Qué tal tu hija con sus lecciones de piano?
—Si vieras, tiene los dedos como relámpagos…
—¿Muy rápidos?
—No, digo como relámpagos porque no se sabe donde van a caer.

TONTERÍA MUNDIAL

Se hizo un campeonato mundial de tontos. El ganador subió al escenario y el jurado le entregó dos medallas.
—¿Por qué dos medallas? —preguntó el campeón de los tontos.
—Una por ser campeón y otra por si la pierde.

DEDO

El camarero viene trayendo un plato con el dedo encima de la carne. El cliente lo ve y le grita:
—¡Camarero, por favor, quite el dedo de mi filete!
—Bueno, como usted quiera, ¡pero si se vuelve a caer no me eche la culpa!

COINCIDENCIA

Se presentan en la escuela dos niños.
—Hola, ¿cómo te llamas?
—Juan.
—¡Qué casualidad, te llamas igual que mi tío José!

INMACULADA

Un periodista le pregunta a un político:
—¿Cómo hace usted para tener la conciencia limpia?
—No la uso nunca.

POCO HIGIÉNICOS

Suena el teléfono:
—¿Hola?
—¿Ahí lavan ropa?
—No.
—¡Qué sucios!

DEUDA

En una oficina, una secretaria pregunta a la otra:
—¿Has visto al Señor de los Anillos?
—¡No, y espero que él no me haya visto a mí. ¡Le debo mil dólares en joyas!

PEDIDO NO CUMPLIDO

En un restaurante, un hombre se pone de pie y grita:
—¡Camarero, le he pedido cien veces un vaso de agua!
—¡Cien vasos de agua para el señor!

INDECISO

En un colegio se inscribe un niño extranjero. El maestro le pregunta:
—¿Cómo te llamas?
—Michael O'Brien —responde el niño.
—Bueno, decídete por uno de los dos para poder nombrarte...

MÉNAGE À TROIS

Llega un hombre a un bar donde está su amigo.
—¿Te gusta hacer el amor de a tres?
—Por supuesto, me encanta.
—Entonces corre a tu casa, que estás faltando tú.

CONSULTORIO

Una gallega llama a una amiga.
—Necesito que me acompañes al ginecólogo. También llamaré a María, Alejandra, Lucía, Manuela, Sofía, Carmen y Alicia.
—¿Para qué necesitas que te acompañen tantas amigas? ¿Tienes algo grave?
—No, es un chequeo, pero dicen que la consulta es de 8 a 10.

NEGOCIO BRILLANTE

Dos judíos estaban paseando por el Vaticano y al ver las maravillosas riquezas de esa ciudad, uno de ellos exclama:

—¡Cómo progresaron! Pensar que empezaron con un pesebre...

LENTO

Suena el teléfono.

—Hola ¿está Armando?

—No, recién voy por las instrucciones.

CULINARIA

Hablan dos hombres.

—A mí me gusta tomar sopa a la reina.

—¿Cómo es?

—Es un plato de sopa al que le pones un huevo adentro.

—¿Y no te arde?

CUENTAS CLARAS

Un niño le pregunta a otro.

—Si dos es compañía y tres son multitud, ¿cuatro y cinco qué son?

—Nueve, tonto.

SUBE Y BAJA

Diálogo con un ascensorista polaco.
—¿A qué piso va, señor? —pregunta el polaco.
—Al último piso.
—¿Al último de arriba o al último de abajo?

EXAGERACIÓN

Le pregunta el maestro al alumno:
—Si tienes 30 melones en una mano y 35 en otra, ¿qué tienes?
—Unas manos muy grandes.

JUVENTUD

Una manzana se cayó de un árbol y rodó por el piso. Las otras manzanas comenzaron a descostillarse de la risa y a burlarse de ella.
—¡Te caíste, te caíste…!
La manzana, desde el suelo, las miró con desprecio y les dijo:
—¡Cállense, inmaduras!

DIVISIÓN

Un niño le pregunta a otro:
—Dime rápido, ¿cuál es la mitad de uno?
—El ombligo.

CÁRCEL

Un nuevo preso entra al calabozo donde ya hay otro. Para entrar en conversación, le pregunta:
—¿Por qué está aquí?
—Por que no me dejan salir.

TRAGEDIA ESPACIAL

En la escuela, dos niños están hablando sobre cine.
—Anoche vi "Apolo 13".
—Ah, sí, viste qué cantidad de problemas tenía la nave.
—¿Cómo no iba a tener problemas si el capitán era Forrest Gump?

MUDANZA

En un psiquiátrico, un hombre va cargando con mucho esfuerzo un armario grande. Se le acerca otro paciente.
—¿Por qué no pides a alguien que te ayude? —le dice.
—Me está ayudando José.
—¿Y dónde está?
—Adentro, sujetando las perchas.

GEOGRAFÍA CASERA

El niño, haciendo la tarea escolar, pregunta a su padre:

—Papá, ¿dónde están los Pirineos?

—Pregunta a tu madre, que guarda todo en el bolso.

PARES

Un hombre llega a la oficina. Un compañero le dice:

—Mira, te has venido con un zapato negro y otro marrón.

El hombre se mira.

—Es increíble. En casa tengo otro par igual.

SENTIDO DEL TRÁNSITO

Se encuentran dos amigos que hacía mucho no se veían y hablan de la gente conocida.

—¿Qué sabes de la vida de los hermanos siameses?

—Me enteré que se fueron un tiempo a Inglaterra.

—¿Por qué motivo?

—Es que el de la derecha quería aprender a conducir.

DATO

En un psiquiátrico, un paciente le pregunta a otro:

—¿Tienes hora?

—Yo no, pero mi reloj, sí.

ROBÓ Y HUYÓ

La policía está investigando un robo en una bóveda de un banco. El inspector, luego de mirar la escena del robo, le dice al oficial.

—Esto es obra de una banda de gallegos.

—¿Cómo deduce eso, inspector?

—Vea. Hicieron un túnel para entrar y otro para salir.

REGALO

En un psiquiátrico, un paciente está tratando de sacarle el valor impreso a una estampilla de correo. Se le acerca un compañero.

—¿Por qué le sacas el precio a esa estampilla?

—Porque es para hacer un regalo.

OÍDO ABSOLUTO

Un joven va a visitar a su tío, que era sordo como una tapia.

—No sabes lo bien que escucho. Me compré un aparato para la sordera que es una maravilla, me lo puedo meter en la oreja, nadie se da cuenta y oigo perfectamente.

—Qué bueno, tío. ¿Y cuánto te ha costado?

—Las dos y cuarto.

DISTINTO I

A una fiesta donde todos eran puntos llegó una coma. Todas las miradas se fijaron en la coma, extrañados de que estuviera en ese lugar. La coma, a su vez, los miró y preguntó:
—¿Qué, tengo el pelo demasiado largo?

FOTOGÉNICO

Un gallego va a tomarse una fotografía. Para que se vea bien, el fotógrafo le dice:
—Por favor, no deje de mirar el pajarito.
Y el hombre se quedó mirando hacia abajo.

CACOS NO PROFESIONALES

Una banda de secuestradores gallegos había tomado de rehén a una familia completa, y después no tuvieron a quién pedirle rescate.

MONÓLOGO CUASI ERÓTICO

—Odio al hombre que me lleva a los lugares oscuros y los callejones sin salida, a bares y a cantinas. Que me compra, me vende, me toca, me enciende y luego, cuando obtiene todo de mí, me arroja a la calle. ¿Por qué abusas de mí si soy tan sólo un cigarrillo?

Galleguismos

¿Qué es un esqueleto dentro de un armario?
Un gallego de la Edad Media jugando al escondite.

¿Cómo hacen en Galicia para purificar al agua?
La tiran de un séptimo piso para que se mueran los microbios.

¿Por qué en Galicia ponen azúcar bajo la almohada?
Para tener dulces sueños.

¿Por qué los gallegos hacen sus termos con jaulas?
Para que no se escape el calor.

¿Por qué los gallegos bailan bajo los semáforos?
Porque creen que están en una discoteca.

¿Qué hace un gallego hincado en un supermercado?
Está buscando los precios más bajos.

¿Por qué un gallego entró con una escalera a un bar?
Porque dicen que los tragos estaban por las nubes.

¿Por qué se murieron 300 gallegos en alta mar?
Porque se detuvo el barco y todos se bajaron a empujar.

¿Por qué los gallegos, cuando están aburridos, destrozan sus relojes?
Para matar el tiempo.

¿Cómo falsifica un billete de 100 un gallego?
Le agrega un cero al de diez.

En Galicia se escondieron todos los hombres llamados Iván, porque oyeron que los estadounidenses andaban detrás de un talibán.

¿Qué hace un policía gallego frente a la playa?
Está esperando una ola criminal.

¿Por qué los gallegos ponen una escalera en el mar?
Para que suba la marea.

¿Por qué los gallegos le aplican Vick Vaporub a las calles?
Para descongestionarlas.

Para participar en la guerra de Irak, los gallegos enviaron un submarino con 400 paracaidistas.

¿Cómo distingues a un gallego en el estadio de fútbol?

Porque cuando hacen la ola es el único que lleva salvavidas.

¿Cómo reconoces a un gallego en una discoteca?
Es el único que trae audífonos.

A Manolo le dijeron que su mujer lo estaba engañando con su mejor amigo. Entonces fue y mató al perro.

En una orgía, ¿cómo se sabe cuál de los participantes es gallego?
Es el que está teniendo relaciones con su esposa.

Noticiero gallego.
"De último momento: Gemelo suicida mata a su hermano por equivocación."

¿Por qué Manolo se pone el pijama cuando va a salir en su moto?
Para acostarse en las curvas.

¿Por qué en Galicia construyen capillas en las torres de control de los aeropuertos?
Para confirmar los vuelos.

¿Por qué en Galicia toman la leche en el mismo supermercado?
Porque en los envases dice: "Abrir aquí".

¿Por qué en los aviones de Galicia han prohibido pasar películas?

Porque al terminar la función todos ellos quieren salir de la sala.

¿Por qué Manolo se sienta en la última fila cuando va a ver películas cómicas?

Porque el que ríe último, ríe mejor.

¿Por qué las gallegas cierran los ojos cuando se ponen crema?

Porque en la lata dice Nívea.

¿Por qué un matrimonio de gallegos se divorció?

Porque tuvieron gemelos y no sabían de quién era el segundo niño.

¿Por qué casi ningún gallego toma leche fría?

Porque la vaca no le entra en el refrigerador.

KAMA SUTRA

Salió el Kama Sutra abreviado para gallegos. El texto dice:

"1) Adentro. 2) Afuera. Repita si es necesario."

SUICIDA

Un gallego se quería suicidar tirándose desde un piso 20, pero como vivía en un segundo tuvo que tirarse diez veces seguidas.

RÉGIMEN ESTRICTO

Se encuentran dos gallegos en la calle. Como uno venía caminando con las piernas muy abiertas, el otro le pregunta:

—Hola, Manolo, ¿qué te pasa?

—Es que vengo del médico y me dijo que tengo el colesterol altísimo.

—¿Qué tiene que ver el colesterol con esa manera de caminar?

—Lo hago por indicación de él. Me dijo: "Los huevos, ni tocarlos".

INVENTO

Conversan un gallego y un turista.

—Para que sepa, el limpiaparabrisas fue un invento de un gallego.

—¿De verdad? Yo pensé que era un invento norteamericano.

—No, ellos lo perfeccionaron.

—¿De qué manera?

—Lo pusieron por el lado de afuera del parabrisas.

Mamá y papá, para niños grandes... (I)

—Papá, papá, ¿cuál es la definición de engreído?

—Qué bueno que preguntaste, porque soy la mejor persona para responderte.

—Mamá, mamá, ¿cuál es la definición de apatía?

—¿Y qué más da que lo sepas, hijo?

—Papá, papá, ¿los marcianos son amigos o enemigos?

—¿Por qué?

—Porque vino una nave y se llevó a la abuela.

—Entonces son amigos.

—Papá, papá, ¿nos hace falta tener mucho gas?

—¿Por qué?

—Porque cuando viene el del gas mamá dice: "Más, más, que me hace mucha falta".

—Papá, papá, ¿qué es la crisis?

—Es cuando te gustan el champán y las mujeres pero sólo te quedan bebidas gaseosas y tu esposa.

—Mamá, mamá, papá se ha atascado en el váter.

—¡Idiota! ¡Quítale la billetera y tira de la cadena!

—Mamá, mamá, en la escuela dicen que soy travesti.

—No les hagas caso, hijito, y abróchate bien el corpiño.

—Mamá, mamá, hoy ahorré un peso, me vine corriendo tras el autobús.

—Hubieras corrido detrás de un taxi y te ahorras 30.

—Mamá, mamá… ¿dónde está el abuelo, que tengo ganas de hacer pipí?

—Que te lleve papá.

—No, mamá. A papá no le tiembla la mano.

—Mamá, mamá, ¿por qué te casaste con papá?

—Por tu culpa.

—Mamá, mamá, cuando haces el amor con papá, ¿le das las gracias?

—No.

—Entonces, ¿qué es educación sexual?

—Papá, papá, ¿cuánto cuesta casarse?

—No tengo ni idea, hijo, todavía no he acabado de pagar las consecuencias.

—Papá, papá, ¿a ti te pegaba tu mamá?
—No, hijo, sólo me pega la tuya.

—Mamá, mamá, ¿cuál es la definición de paranoico?
—Ah, ¿probablemente crees que no lo sé y me quieres pescar en un error, verdad?

—Mamá, mamá, ¿la abuela es color neón?
—No.
—Entonces se está electrocutando.

—Mamá, mamá, en el colegio me dicen masoquista.
—Ya voy a ir a pegarles.
—¡No, pégame a mí primero!

—Mamá, mamá, Juancito tiene el pitito como un maní.
—¿Chiquito?
—No, saladito.

—Mamá, mamá, en la escuela dicen que soy una prostituta barata.
—¡Ay hija, les hubieras cobrado más caro!

—Mamá, mamá, dice mi padre que si vuelvo a decir una mentira más me va a pegar.
—Si es así, deja de llamarlo padre.

Chistes sobre la política y afines

¿Si la política es buena, por qué la suegra es la madre política?

SEGÚN LAS NACIONALIDADES

Un alemán es una cerveza.
Dos alemanes son un ejército.
Tres alemanes son una guerra.

Un francés es un champán.
Dos franceses hacen el amor.
Tres franceses son una orgía.

Un italiano es un vino.
Dos italianos son un chisme.
Tres italianos son un lío.

Un inglés es un whisky.
Dos ingleses un club.
Tres ingleses son piratería.

Un ruso es un vodka.
Dos rusos son un partido político.
Tres rusos son una revolución.

Un yanqui es un martini.
Dos yanquis es una corporación.
Tres yanquis una invasión.

Un mexicano es un tequila.
Dos mexicanos hacen muchos hijos.
Tres mexicanos son una banda de mariachis.

Un colombiano es un aguardiente.
Dos colombianos son una parranda.
Tres colombianos son un cártel.

Un brasileño es un café.
Dos brasileños son un partido de fútbol.
Tres brasileños son un carnaval.

Un argentino es un mate.
Dos argentinos son una joda.
Tres argentinos son una asociación ilícita.

LOS CINCO PERROS

En un club de dueños de canes, se encontraban reunidos con sus respectivas mascotas cinco socios: un ingeniero, un contador, un químico, un experto en informática y un político. Cada uno decía que su perro era el más inteligente. El ingeniero le ordenó a su perro:

—"Escalímetro", muestra tus habilidades…

El perro fue al pañol del club, tomó unas placas y unos listones de madera, armó una casita y se metió adentro.

—¡Qué bueno! —exclamaron los demás.

—Eso no es nada. Miren lo que hace el mío —dijo el contador—. "Formulario", muestra tus habilidades…

El perro fue a la cocina del club y volvió con 12 galletas, las que dividió en cuatro montones de tres galletas cada uno.

—¡Muy bueno! —gritaron los demás.

—Mi perro hace algo mejor —dijo el químico—. "Cuántico", muestra tus habilidades...

El perro fue a la heladera del club, tomó un litro de leche y un vaso, y lo llenó sin volcar una gota.

—¡Impresionante! —admitieron todos.

—Eso dicen porque no vieron el mío —dijo el experto en informática—. "Megabyte", muestra tus habilidades...

El perro fue hasta una computadora, la encendió, comprobó si tenía virus, mejoró su sistema operativo, mandó un e-mail y luego jugó con el pacman.

—¡Maravilloso! —gritaron todos. Enseguida miraron al político que tenía a su perro echado a sus pies—. Y el tuyo, ¿qué sabe hacer?

—Así como lo ven, mi perro tiene sus virtudes —dijo el político—. "Elecciones", muestra tus habilidades...

El perro del político se paró, se comió las galletas, se tomó la leche, borró todos los archivos de la computadora, acosó sexualmente a los otros cuatro perros, pidió una jubilación de privilegio y, usurpando la casita de "Escalímetro", se fue a dormir.

AYUDA AGRÍCOLA

Un viejo árabe —que vivía en Idaho, Estados Unidos, desde hacía 40 años— quería plantar papas en su pequeña parcela, pero arar la tierra ya era demasiado pesado para él. Su único hijo, Ahmed, avanzado estudiante en Francia, recibió un mensaje de correo electrónico explicándole el problema: "Querido Ahmed: no podré plantar papas en mi terreno este año y por eso me siento muy mal. Estoy viejo para arar la parcela y sé que si estuvieras aquí, darías vuelta la tierra por mí. Qué Alá esté contigo. Te quiere, papá".

Pocos días después el viejo recibe una respuesta de su hijo: "Querido papá, por todo lo que más quieras, no revuelvas la tierra de esa parcela. Ahí es donde tengo escondido aquello. Te quiere, Ahmed".

Casi de inmediato de recibido el mensaje, a las cuatro de la madrugada, aparecieron agentes de la Policía local, del FBI, la CIA y militares del Pentágono que vigorosamente removieron la tierra del árabe buscando materiales para construir bombas, ántrax o lo que fuera. Luego de un intenso trabajo, y cuando no quedaba sector sin dar vuelta, se fueron sin hallar nada.

Ese mismo día, el viejo árabe recibió otro correo de su hijo: "Querido papá: Seguramente ya podrás plantar las papas. Es lo mejor que pude hacer desde acá. Te quiere, tu hijo Ahmed".

PAÍS ENDEUDADO

El ministro de Economía habla con el
Presidente:

—Señor, tengo dos noticias que darle, una
buena y otra mala.

—Dígame la buena.

—Terminé de arreglar el pago total de la deuda
externa. No debemos ni un dólar.

—¿Cómo lo hizo?

—Vendí el país.

—¿Y la mala?

—Que tenemos que desalojarlo en 24 horas.

ÁRABES

Una periodista vuelve luego de 10 años a
visitar Kuwait, y nota que las mujeres que
antiguamente caminaban un metro atrás de sus
maridos, ahora lo hacían cinco metros delante de
ellos.

Interesada en este cambio de
comportamiento, imaginó que la modificación
correspondía a una victoria feminista. Entonces,
muy contenta, se acercó a una mujer y le
preguntó:

—¡Esto es maravilloso! ¿Qué sucedió para
terminar con el antiguo hábito de caminar atrás
de los maridos y que ahora vayan delante de ellos?

—Campo minado —contestó la otra.

RAPIDEZ ESTATAL

Se organiza una competencia mundial de velocidad para ver en qué continente están los hombres más rápidos.

El europeo presenta las virtudes de sus hombres veloces.

—En Europa tenemos un grupo de arqueros que disparan una flecha y logran tomarla en sus manos antes de que llegue al blanco.

El norteamericano trae lo suyo.

—En Norteamérica tenemos a los seguidores de la escuela de tiro de Buffalo Bill, que son capaces de disparar un Winchester y pueden tomar la bala en sus manos antes de que llegue al blanco.

Luego habla el asiático.

—Nuestros hombres son los más rápidos de todo el mundo. Son karatecas que tiran una daga y la detienen antes de que llegue al blanco.

Todos están asombrados por estos hombres tan rápidos, pero le toca el turno al sudamericano.

—Los hombres más rápidos están en Sudamérica. Es en el único lugar del mundo que los funcionarios públicos salen a trabajar a las 2 de la tarde y a la 1 y media están comiendo en la casa.

ASÍ EN LA TIERRA COMO EN EL CIELO

Fidel Castro muere y está en las puertas del Cielo, esperando para entrar. Cuando San Pedro lo ve, lo saca de la fila y lo manda al Infierno.

—Fidel, usted es ateo. No puede entrar en el Cielo.

Castro discute una siete horas con San Pedro, pero al final decide acatar y se va al Infierno. Pero cuando ya está dentro se da cuenta de que sus valijas quedaron en las puertas del Cielo.

—La discusión con San Pedro hizo que me olvidara de mis cosas. Voy a buscarlas...

—No, chico —le dice Satanás—, tú quédate cómodo aquí que yo mando a dos de mis ayudantes a buscar tus valijas.

Manda a dos diablos al Cielo, pero cuando estos llegan a las puertas ven que hay una fila larguísima para entrar.

—¿Hacemos la fila? —le pregunta un diablo al otro.

—No perdamos tiempo. Saltemos la pared y listo...

Van hacia la pared que divide el Cielo del Infierno y saltan hacia el otro lado. San Pedro los observa asombrado y dice:

—¡No hace ni media hora que llegó al Infierno y ya comienzan a llegar los exiliados!

IGUALITO

Un candidato político, en gira electoral, está dando un discurso en una zona rural. A la mitad de la arenga es interrumpido por el fuerte rebuzno de un burro. El político, poco familiarizado con los sonidos del campo, pregunta al auditorio:
—¿Qué fue eso?
Una voz del fondo de la reunión le responde:
—¡Es el eco, doctor…!

MANDATARIA ERÓTICA

Charlan dos ingleses.
—¿Tú sabías que Margaret Thatcher fue la política más sexy del mundo?
—Vamos, ¿de dónde sacas ese disparate?
—De su gobierno. Cada vez que entraba al Parlamento se levantaban cien miembros.

PROBLEMAS POLÍTICOS

Para los políticos de raza los problemas de gobierno se dividen en dos grupos:
1) Aquellos que se arreglan por sí mismos con un poco de tiempo y los olvida la gente.
2) Aquellos que no tienen solución y para los que forman una comisión especial que los hará olvidar definitivamente.

ADMISIÓN

En Alabama un blanco quiere entrar en el Ku Klux Klan. Habla con un integrante de ese grupo y éste le dice:
—Para entrar en la organización debes matar a diez negros y a un perro.
—¿Por qué tengo que matar a un perro?
—Estás aceptado. Ya eres de los nuestros.

PRIMER Y TERCER MUNDO

Un mexicano está tomando su desayuno en el restaurante de un hotel cuando un típico turista estadounidense, mascando chicle, se sienta a su lado. El yanqui, charlatán y engreído, trata de entrar en conversación.

—Perdone, ¿ustedes se comen todo el pan? —le dice al mexicano señalándole la tostada.

—Por supuesto.

—Nosotros no, sólo comemos la miga. La parte de afuera la reciclamos, la transformamos en harina y la exportamos a México.

El mexicano no responde, pero el yanqui insiste:

—¿Ustedes se comen la mermelada con el pan?

—Por supuesto.

—Nosotros, no. En el desayuno comemos fruta fresca, pero las cáscaras y las semillas, en lugar de tirarlas, las reciclamos, la transformamos en mermelada y la exportamos a México.

El mexicano, ya un poco alterado, le pregunta:

—Y ustedes, ¿qué hacen con los condones después de usarlos?

—Los tiramos a la basura, claro…. —responde el yanqui mientras sigue mascando.

—Nosotros, no. Después de usarlos, los reciclamos; los transformamos en chicles y los exportamos a los Estados Unidos.

CONOCER LAS LEYES

Un senador que había infringido varias leyes de tránsito es llevado delante del juez, que no sabe a quién tiene delante.

—Señor, las infracciones que usted ha cometido son gravísimas. ¿Tiene algo que alegar a su favor?

Como ve que el juez no sabe quién es él, decide presentarse para taparle la boca al magistrado.

—Soy un senador de la Nación, su Señoría, y…

El juez lo interrumpe bruscamente:

—¡La ignorancia no es excusa!

LANZAMIENTO

Un político estadounidense llega muy contento a su casa.

—Te tengo una buena noticia, querida —dice a su mujer—. Me pidieron que lanzara la primera bola en el juego inaugural del campeonato de béisbol.

—Podrás lanzar también la segunda. Para lo que te sirven…

MEDIDAS DE SEGURIDAD ESTADOUNIDENSES

Lo que a continuación leerán es una descripción de lo que puede llegar a ocurrir al encargar una pizza en los Estados Unidos en estos tiempos de super vigilancia. Es el diálogo telefónico entre el empleado del comercio y un cliente.

—Gracias por llamar a nuestra pizzería. ¿Puedo tener su Número de Identificación Nacional?

—Mire, yo sólo quiero encargar una pizza…

—Para eso debo tener su Número de Identificación Nacional.

—Bueno, mi número es 610 2049998-45-54610.

—Gracias, mister Sheehnan. Veo que usted vive en 1742 Meadowland Drive, su teléfono particular es el 494 2366, su oficina está en Lincoln Insurance con teléfono 745 2302, y su teléfono móvil es el 266 2566. Y nos está llamando, según veo, desde su casa.

—Es realmente cierto… Pero, ¿de dónde saca toda esa información?

—Es que estamos conectados a la HSS.

—¿Y eso que es?

—El Sistema Nacional de Seguridad. Esa conexión agrega tan sólo 15 segundos al tiempo de cada pedido —explica el empleado—. Bueno, ¿qué pizza quiere?

—Quisiera dos de sus "All meat special pizza".

—No creo que sea una buena idea, señor…

—¿Cómo? ¿Qué dice?

—Señor, sus informes médicos y otros sensores nos indican que usted es hipertenso, y lo que es más, su colesterol y triglicéridos ya duplican los valores aceptables. El Seguro Nacional de Salud no nos autoriza a venderle algo que constituye para usted una elección muy peligrosa.

—¿Y qué me recomienda?

—Lo ideal sería nuestra "Low fat", pizza de soja. Le aseguro que le encantará.

—¿Y por qué se imagina que eso puede llegar a gustarme?

—Es que vemos en pantalla que la semana pasada usted consultó en una biblioteca pública el libro "Porotos de soja para el gourmet". Por eso le sugerí la pizza de soja.

—Bueno, está bien… Mándeme dos, de tamaño familiar.

—Perfecto. Eso será suficiente para usted, para su esposa y sus dos hijos. Y las sobras servirán para alimentar a sus dos perros. El total es 49,99 dólares.

—Bien, tome el número de mi tarjeta de crédito…

—Lo siento, señor, deberá pagar en efectivo. Vemos que su crédito en la tarjeta está totalmente excedido.

—No se preocupe, hasta que lleguen iré al cajero para sacar el efectivo.

—No creo que sea posible, señor. No podrá sacarlo pues también ya excedió el límite del efectivo disponible para el día de hoy.

—Venga igual. Tengo conmigo el efectivo necesario en casa. Y tenemos hambre, ¿cuánto demorarán?

—Unos 55 minutos, pero si quiere puede retirarlas personalmente, aunque ignoro si tiene ganas de cargar pizzas en un ciclomotor.

—¿Y cómo sabe que no iré en automóvil?

—Me aparece en pantalla que su licencia de conducir está vencida y no querrá que le hagan una multa. En cambio su ciclomotor no requiere licencia y usted llenó el tanque ayer por la tarde en la gasolinera de Kensington Drive y Shermann St.

—Pero, ¡por que no se van a la #&%#°/()=#0+*!

—Modere su lenguaje. Veo que fue denunciado por un policía de tránsito por insultarlo, lo condenaron a dos semanas en prisión y salió la semana pasada… ¿Son estas las primeras pizzas que encarga desde que salió en libertad?

—…

—¿Algo más, señor?

—Sí. Tengo el cupón de un aviso de ustedes por una bebida gaseosa de 2 litros sin cargo.

—Lo siento, pero nuestro aviso, en la letra pequeña, incluye una cláusula que indica que estamos inhibidos de ofrecerle bebidas gaseosas a diabéticos. Y usted aparece en un reciente chequeo con la glucemia muy alta. Ya le estamos enviando las pizzas de soja. Muchas gracias por llamarnos y esperamos volver a estar a su servicio.

¿CÓMO LLAMAN...?

¿Cómo llaman a un político con un automóvil último modelo?
Ladrón.
¿Cómo llaman a un político con un trabajo?
Mentiroso.
¿Cómo llaman a un político con un título universitario?
Copión.
¿Cómo llaman a un político con una pistola?
Señor.

AVANCE

En el informe anual ante su partido, el Presidente de la república trata de suavizar los graves problemas del país y busca una manera de explicar la crisis.
—Compañeros, ayer decíamos que estábamos al borde de un precipicio...
—¿Y ahora? —pregunta un correligionario.
—Hoy podemos decir que hemos dado un paso adelante.

RECETA

Un congresista republicano está tomando un trago cerca del Capitolio. Se le acerca un señor y entabla conversación. A mitad de la charla, le pregunta al congresista:

—¿Usted sabe cómo se hace un congresista demócrata?

—No tengo idea.

—Vea —dice el hombre—, usted deberá tomar 50 % de barro y 50 % de estiércol, los mezcla y con eso obtendrá un congresista demócrata.

El republicano al oír esto lanza una sonora carcajada.

—Muy bueno, muy ingenioso. Lo pondré en práctica cuando quiera hacer un congresista demócrata.

—Sí —advierte el hombre—, pero no se pase con el estiércol porque le sale un congresista republicano.

Preguntas y respuestas

¿Qué hace Drácula en el cajón si le prenden y le apagan una luz varias veces?
Abdominales.

¿De qué color se pone un chino cuando le das una patada en los testículos?
Amarillo chillón.

¿Qué es una esposa?
Una cosa que uno no quiere, hasta que es deseada por otro.

¿Qué posición sexual produce los niños más feos?
Pregúntale a tu mamá.

¿Qué es lo mejor de la esquizofrenia?
Que nunca estás solo.

¿Por qué la Navidad es como un día en la oficina?
Tú haces todo el trabajo y un gordo de traje se lleva todo el crédito.

¿Qué paso ayer de 6 a 7 de la tarde?
Una hora.

¿Cuál es la peor comida para Drácula?
La mala sangre.

¿Por qué los perros llevan el hueso en la boca?
Porque no tienen bolsillo.

¿Por qué los negros no le quitan la envoltura al chocolate?
Para no morderse los dedos.

¿Qué es un punto verde en la pared?
Una lenteja castigada.

¿Por qué los buceadores se tiran del barco de espaldas?
Porque si se tiraran para delante caerían dentro del barco.

¿En qué se parece el matrimonio a la comida china?
En que empieza como un rollito de primavera y acaba como un cerdo agridulce.

¿Por qué el gallo cruzó al otro lado de la autopista?
Para demostrar que no era gallina.

¿Cuál es la diferencia entre un jefe y un terrorista?
Con el terrorista se puede negociar.

¿Qué pasa si una vaca se para sobre una pata?
El pato queda viudo.

¿Por qué el océano no se seca?
Porque no tiene toalla.

¿Sabes qué le pasó al libro de matemáticas?
Se suicidó porque tenía muchos problemas.

¿Por qué los siete enanitos siempre están felices
cuando van de paseo?
Porque la hierba les hace cosquillas en los
huevitos.

¿Cuál es la clase social más alta?
La que vive en edificios torre.

¿Qué dijo para sí mismo el gusanito cuando se
vio dentro de un plato de espaguetti?
Diablos, ¿qué clase de orgía es ésta?

¿De qué se ríe Santa Claus?
De las cartas de los niños pobres.

¿Qué tienen todas las mujeres una vez al mes y
les dura tres o cuatro días?
El sueldo del marido.

¿Qué es una lesbiana?
Una mujer que no sabe qué coño quiere.

¿Quién tendría ventaja en una partida de ajedrez entre los norteamericanos y los árabes?

Los árabes porque Estados Unidos ya no tiene las dos torres.

¿Por qué los angelitos se ríen todo el tiempo?
Porque están en la gracia de Dios.

¿Por qué las hormigas andan en Fila?
Porque no tienen dinero para Nike.

¿Qué es la lengua?
Un órgano sexual que algunos degenerados utilizan para hablar.

¿Qué hace un pollo en un restaurante?
Un buen plato.

Si Marilyn Monroe estuviera viva, ¿qué estaría haciendo ahora?
Rasguñando el ataúd, para tratar de salir.

¿Qué hora es cuando un reloj marca las 25 horas?
¡Hora de mandarlo a reparar!

¿Cuál sería el contrario de Plácido Domingo?
Podrido Lunes.

¿Cómo se titula el libro de religión favorito entre los caníbales de las misiones?
1000 maneras de servir a tu prójimo.

¿Cuál es el país con la tierra más estéril?
El Vaticano, porque en 20 siglos sólo ha dado una cantidad muy pequeña de papas.

¿Qué sería el tiempo sin ti?
Empo.

¿Por qué en los cementerios hay paredes grandes?
Porque la gente se muere por entrar ahí.

¿Qué hace un labrador corriendo y gritando en el campo a las cinco de la mañana?
Sembrando el pánico.

Si el mundo fuera un cubo, ¿qué seríamos, cubanos?

El mundo es redondo y le dicen planeta. Si fuera plano, ¿le dirían redondeta?

¿Qué le dice un árbol a otro árbol?
Ponte el impermeable que ahí viene un perro.

Cuando una persona se muere, ¿se le enfría la tibia?

¿Cómo se llama la relación sexual entre el hombre nuclear y la mujer biónica?
Coito circuito.

Argentinismos

PARTIDAZO

Si la selección argentina y la brasileña empatan cero a cero un partido de fútbol, ¿cuál sería el comentario de un periodista deportivo argentino?
"Brasil cero goles, ¡Argentina cero golazos!"

ORGULLO FILIAL

Un niño argentino le dice a su papá:
—Papá, cuando sea grande quiero ser como tú.
—¿Por qué, hijo?
—Para tener un hijo como yo.

NOMBRE DE PILA

Un turista argentino está haciendo el amor con una joven a la que conoció ese mismo día. En lo mejor de la relación, ella exclama:
—¡Ay, Dios mío!
El argentino la mira seductoramente y dice:
—En la intimidad podés llamarme Jorge.

ALTOS ESTUDIOS

Charlan dos europeos.
—¿Sabes cuál es la mejor universidad del mundo? Aerolíneas Argentinas.
—¿Por qué?
—Porque en Argentina son barrenderos, cajeros de banco o secretarias y cuando llegan al exterior son directores de cine, profesores de literatura o psicoanalistas.

Cuando un argentino llega a España debe adelantar su reloj 4 horas. Cuando vuelve a su país debe retrasarlo 40 años.

¿Qué es lo primero que hace un argentino el día de su cumpleaños?
Llama por teléfono a su mamá para felicitarla.

¿Saben cuál es el mejor nombre para un argentino?
Nadie, por aquello de que: "Nadie es perfecto".

¿Qué dice un argentino cuando sale de su casa?
"Sagrado Corazón de Jesús, confía en mí…"

¿Por qué los argentinos se creen dioses?…
Porque nadie los puede ver.

¿Qué es la infidelidad para un argentino?…
Dejar de mirarse en el espejo.

¿Cómo comienzan los argentinos sus cartas de amor?

"Ya sé que me extrañás…"

¿Por qué los argentinos quieren ser astronautas?
Para ver cómo es la Tierra sin ellos.

¿Qué resulta del cruce entre un gallego y una argentina?
Un conserje que se cree dueño del edificio.

¿Por qué los argentinos no usan paracaídas?
Porque de todas maneras siempre caen mal.

¿Por qué en la Argentina nunca van a sufrir con los terremotos?
Porque ni la Tierra los traga.

¿Cómo se le dice a un argentino que se queja todo el día, mira deportes todas las noches en televisión y duerme casi todo el fin de semana?…
Hombre normal.

Cuando los argentinos tienen complejo de inferioridad, se sienten como el resto de los mortales.

¿Por qué muchos argentinos prefieren no casarse?
Porque dicen que jamás encontrarán una mujer que los ame tanto como ellos se aman.

¿Cómo reconoces a un argentino en una librería?

Es el único que pide un mapamundi de Buenos Aires.

¿Cómo se hace para saber que un espía es argentino?

Lleva un letrero en la espalda que dice: "Soy el mejor espía del mundo".

¿Cuál es el juguete favorito de los argentinos?
El yo-yo.

¿Qué es el ego?
El argentinito que todos llevamos dentro.

EL MEJOR

Un comentarista deportivo argentino dice:
"Diego Armando Maradona es el mejor jugador de fútbol en el mundo. Y en la Argentina, uno de los mejores…"

Chistes sobre el deporte

¿El control antidoping crea adicción?

ÚLTIMO DESEO

Un hincha de Boca Juniors está en su lecho de muerte. Lo acompaña un amigo.

—Te pido un gran favor —dice el moribundo—. Quiero que tomes mis documentos y me hagas socio de River Plate.

—¿Te volviste loco?

—Para nada, pero antes de que muera un hincha de Boca Juniors prefiero que reviente uno de River Plate.

CIELO DEPORTIVO

En el Cielo está por disputarse un partido contra el equipo del Infierno.

—Nosotros tenemos todas las de ganar —dice uno de los ángeles—. Los mejores futbolistas fueron buena gente y están en el equipo del Cielo.

—¿Y qué nos importa eso? —dice uno de los demonios—. Nosotros tenemos a todos los árbitros.

INÚTIL FUTBOLÍSTICO

Un hombre va por primera vez a un estadio de fútbol, deporte del que no tiene la más pálida idea. Se sienta en las gradas y luego de un buen rato escucha que un espectador a su lado comienza a insultar:

—¡Cabrón! ¡Hijo de puta! ¡Vete a robar a otra parte! ¡Malparido!

Asombrado, le pregunta:

—Perdone, ¿a quién le grita todo eso?

—Al árbitro.

—¿Y quién es el árbitro?

—¿Quien va a ser? Ése de negro...

—Ah, tiene razón. Hace media hora que empezó el partido y no ha tocado una sola vez el balón.

MADRE EN LA LUNA

El niño está haciendo la tarea del colegio. Se detiene en una pregunta y le dice a la madre:

—Mamá, ¿quién venció a los filisteos?

—Ni idea. Ya sabes que a mí no me gusta el fútbol.

MALA PUNTERÍA

En un estadio repleto y vociferante, un hombre le arroja una botella al árbitro. Inmediatamente la multitud comienza a insultar a ese individuo. Un niño que estaba con el padre, pregunta:

—¿Por qué insultan a ese señor?

—¿No lo has visto? Porque le tiró una botella al árbitro.

—Pero, papá, si no le pudo pegar.

—Por eso lo insultan, hijo.

POR COSTUMBRE

Un fanático futbolero llega al estadio con el partido ya empezado. Se sienta y le pregunta a uno:
—¿Cómo vamos?
—Perdemos 1 a 0.
El tipo se levanta, pone las manos en bocina y grita:
—¡Árbitro hijo de putaaaaa!

SOBORNO EN EL FÚTBOL

Un hincha de un equipo que tenía fama de ser beneficiado siempre por los arbitrajes va a una casa de deportes y pide una camiseta de su club. El vendedor le pregunta:
—¿Cuál quiere, la de jugador, la de arquero o la del árbitro?

TERAPIA

Hablan dos futbolistas.
—Mi médico me prohibió que siguiera jugando al fútbol.
—¿Qué enfermedad te detectó?
—Ninguna, sólo que me vio jugar.

FANATISMO A ULTRANZA

En el estadio donde se juega el partido final de un Mundial de fútbol, un hombre llega a la tribuna y busca un asiento libre. Encuentra uno y le pregunta al señor de al lado:

—¿Este asiento está reservado?

—Ahora no. Era de mi esposa, pero ha muerto y ninguno de mis amigos vino para acompañarme.

—Qué pena. Alguno de sus amigos podría haberlo usado.

—Es cierto, pero prefirieron ir al funeral...

FALTA PERSONAL

En un primer partido de un equipo de básquet de Galicia el árbitro pita.

—¡Falta personal en el equipo de Galicia! —dice.

A lo largo de partido, el árbitro sigue pitando faltas personales contra los gallegos. En determinado momento, el entrenador del equipo contrario ve que el de Galicia tiene 25 jugadores en la cancha. Enojado, increpa al entrenador gallego.

—¿Qué hace, hombre? Metió 25 jugadores en la cancha y nosotros somos 5!

—¿Y a mí qué me dice? Dígaselo al árbitro que me dice a cada rato que falta personal...

DOMINIO GALLEGO

Se está jugando un partido de fútbol en Londres, los ingleses contra un equipo de Galicia. Empieza a bajar una espesa niebla y el árbitro suspende el partido. Los equipos se retiran y cuando el conjunto gallego llega al hotel se dan cuenta de que falta el arquero. Van de nuevo a la cancha y lo encuentran todavía en el arco.

—¿Qué haces aquí? El partido se ha suspendido.

—¡Ya me parecía extraño que domináramos tanto!

GOLFISTA ARGENTINO

Un argentino ha ganado mucho dinero y para poder estar en el ambiente de los millonarios decide tomar unas clases de golf, un juego del cual no entiende nada.

—¿Ve este palo? —dice el profesor.

—Sí, che, lo veo.

—Es un palo de golf. Y esta pelotita es una pelotita de golf.

—Ajá.

—¿Ve aquella banderita allá lejos?

—Sí, apenas se ve.

—Bueno, el juego consiste en golpear con el palo la pelotita tratando de acercarla, lo más posible, al hoyo donde está la banderita.

El argentino toma el palo, le pega a la pelotita y ésta vuela hasta el green. Cuando llega con el maestro, ven que la pelotita está a escasos centímetros del hoyo.

—¡Qué bien! Un poco más de suerte y la metía en el hoyo.

El argentino lo mira con suficiencia y le dice:

—¿Y por qué no me pidió eso en lugar de decirme que la acercara?

CINCO SÍNTOMAS DE UN FANÁTICO DEL FÚTBOL

1) Antes de hacer el amor, tira una moneda al aire para ver quién va abajo.

2) Cuando los hijos se portan mal no los reta sino que les saca tarjeta roja.

3) A la hora de comer se sienta a la mesa según una táctica: 4-4-2, 3-4-3 o cualquier otra.

4) Cuando tiene un orgasmo grita "¡Gooooool!".

5) Cuando su equipo marca un gol tiene un orgasmo.

Parecidos y diferentes

¿En qué se parecen los abogados a las prostitutas?

En que hay que pagarles por adelantado y rogarles para que se muevan.

¿En qué se diferencia la palabra duro de la palabra oscuro?

En que oscuro dura toda la noche.

¿En qué se parecen los abogados a los espermatozoides?

En que de millones que hay, apenas sólo uno sirve.

¿En qué se parecen las guitarras y las mujeres?

En que a las guitarras primero las enchufas, después las calientas y por último las tocas; y a las mujeres primero las tocas; después las calientas y al final las enchufas.

¿Cuál es la diferencia entre "Hummm..." y "Ahhh..."?

19 centímetros.

¿Cuál es la diferencia entre una mujer desnuda blanca y una negra?

Que la blanca sale en "Play Boy" y la negra en "National Geographic".

¿En qué se parecen una caverna prehistórica y un frigorífico?

En que la caverna tiene estalactitas, y el frigorífico tiene esta latita de anchoas, esta latita de foie gras…

¿Cuál es la diferencia entre angustia y desesperación?

Angustia es la primera vez que no funcionas en la segunda; desesperación es la segunda vez que no funcionas en la primera.

¿En qué se diferencian la masturbación femenina y la masculina?

En que la femenina es digital, y en cambio la del hombre es manual.

¿Qué diferencia hay entre un avaro que se queda calvo y cualquier otro al que le sucede lo mismo?

Que cualquier otro se compra un bisoñé y el tacaño vende el peine.

Chistes sobre la tercera edad

¿Viejos son los trapos y también los que los usan?

Un hombre ya maduro contrató una secretaria. Era una mujer joven, ingeniosa, gentil y, sobre todo, muy hermosa. Un día, mientras tomaba dictado, notó que su jefe tenía la bragueta abierta.

Terminó el dictado y se dispuso a salir de la oficina. Antes de cerrar la puerta, dijo:

—Señor, la puerta de su cuartel está abierta.

El hombre no entendió el comentario; no obstante, al poco rato se dio cuenta de que el cierre de sus pantalones estaba bajo. Como le hizo gracia la manera en la que su secretaria se había referido al pequeño incidente, decidió aprovechar la oportunidad para coquetear un poco con ella, por lo que la llamó a su oficina. Cuando la joven llegó, le dijo:

—Dígame, señorita, cuando la puerta de mi cuartel estaba abierta, ¿no vio a un soldado en posición de firme?

—¡Oh, no, señor! Lo único que vi fue un veterano de guerra sin fuerzas, echado entre dos viejas mochilas de campaña.

ANCIANO RENDIDOR

Un hombre de avanzada edad se puso de novio con una joven de dieciocho años, algo bastante normal en estos tiempos que corren. Decidieron casarse, y el viejo, por las dudas, le propuso dormir en cuartos separados. Así, cuando él tuviera ganas de hacer el amor, iría al dormitorio de ella. En la noche de casamiento, luego de la fiesta y ya instalados en la casa, la chica sintió un golpe en la puerta. Abrió y se encontró a su anciano marido.

—¿Hacemos el amor? —dijo él.

—Claro que sí —respondió contenta la mujer al ver que su marido, a pesar de la edad, todavía era potente.

Hicieron el amor y el hombre se retiró a su dormitorio, pero a la media hora golpeó de nuevo en la puerta.

—¿Hacemos el amor? —dijo el viejo.

—Por supuesto —respondió ella, contenta de verlo tan fogoso. Luego de hacer el amor, él regresó a su dormitorio. A la media hora volvió a golpear en lo de su amada.

—¿Hacemos el amor? —preguntó.

—Sí, sí... —dijo ella, turbada por la energía del viejo, aunque le parecía algo maravilloso que quisiera hacerlo por tercera vez.

Hicieron el amor y el hombre regresó a su dormitorio. Pero al rato golpeó por cuarta vez.

—¿Hacemos el amor? —preguntó sonriente y fresco como una lechuga.

La esposa no podía creer que poseyera tanta vitalidad.

—¿De dónde sacas tanta fuerza y ganas, mi amor? ¡Es la cuarta vez en la noche que quieres hacer el amor!

El anciano la miró desconcertado.

—¿Qué? ¿Ya estuve antes?

EL MAÑANERO

El abuelo de Martín falleció repentinamente a la edad de 95 años, y el joven fue a darle el pésame a su abuela.

—Abuelita, ¿cómo murió el abuelo?

—Fue haciendo el amor.

—¡Abuela, a los 95 años es peligroso hacer el amor! —exclamó Martín, con asombro.

—Pero nosotros éramos muy cuidadosos. Lo hacíamos solamente los domingos, por la mañana, con mucha calma —explicó la abuela—. Para no cometer ningún desatino lo hacíamos al compás de las campanadas de la iglesia —dijo, e imitó el sonido de las campanadas, lentamente—: Diiinnng… doonnng… Diiinnng… Dooonnng… Diiinnng…

—¿Y por qué vino a ocurrir esta desgracia?

—Porque el último domingo pasó el carrito de helados. ¡Si no hubiera sido por eso, el abuelo ahora estaría vivo!

MALAS COSTUMBRES

Charlan dos amigos sobre sus respectivas parentelas.

—Yo no sé qué hacer con mi abuelo.

—¿Qué problema tiene?

—Se come las uñas todo el tiempo.

—Con el mío me pasaba igual, y le quité esa mala costumbre de un día para el otro.

—¿Qué hiciste? ¿Le ataste las manos?

—No, más sencillo: le escondí los dientes.

VISITA HIGIÉNICA

Una anciana muy mayor llega a la penitenciaría y se presenta en la guardia.

—¿Qué desea, abuela? —le pregunta el oficial.

—Vengo a la visita conyugal.

El guardia se sorprende por la edad de la mujer.

—¿A la visita conyugal? Señora, pero, ¿con quién?

—¡Con quien sea, jovencito, me da lo mismo!

AMOR ANTIGUO

Una pareja muy mayor, al cumplir sus cincuenta años de casados, se sientan a desayunar.

—¿Te acuerdas, mi amor, cómo desayunábamos hace cincuenta años? —pregunta él.

—Claro que me acuerdo, mi vida. Desayunábamos desnudos.

—Mi cielo, ¿te parece que para festejar este aniversario nos desnudemos?

—Sí, me encantaría —aprueba ella.

Ambos se desnudan y se sientan de nuevo en la mesa. Ella le dirige una mirada sensual y le dice:

—Cariño, siento que mis pechos arden igual que hace cincuenta años…

El hombre la mira, y sin dejar de desayunar le dice:

—Claro, si tienes un pezón en la taza de café y el otro sobre el churro con chocolate.

TRISTEZA NOCTURNA

Un matrimonio mayor está durmiendo. A la madrugada la mujer siente el llanto de su esposo. Asustada, lo despierta.

—¿Qué te pasa, viejo? ¿Por qué estás llorando?

—Recordaba el pasado...

—¿Y eso te dio nostalgia?

—Sí, un poco. ¿Recuerdas cuándo éramos jóvenes y estábamos de novios?

—¡Claro que lo recuerdo!

—¿Te acuerdas que quedaste embarazada?

—También me acuerdo.

—¿Y te acuerdas que se enteró tu papá y me dijo que si no me casaba iba a mandarme a la cárcel por 25 años?

—Sí, me acuerdo.

—Bueno, fíjate mi mala suerte: si hubiera ido a la cárcel, ¡este año estaría libre!

CAMBIO DE VIDA

Un hombre, tras muchos años de matrimonio, le pregunta a su mujer:

—Querida, si te ganaras un millón de dólares en la lotería, ¿me dejarías de querer?

—Nunca te dejaré de querer, viejo, ¡pero te echaría mucho de menos!

VITALIDAD LONGEVA

Se conocen dos ancianos en una plaza, y uno le pregunta al otro:

—¿Cuántos años tiene usted?

—Yo tengo más de 80.

—¿Tantos?

—Sí, señor. 80 y pico.

—¡Qué notable! Yo tengo 76, y ya hace mucho que no pico...

MILAGRO NOCTURNO

De madrugada, un anciano vuelve a la cama conmocionado y le dice a su esposa:

—¡Vieja, despierta, acaba de sucederme un milagro!

—¿Qué te pasó...? —pregunta la mujer algo dormida.

—Fui al baño y cuando entré se prendió la luz sin que yo tocase el interruptor.

—¿Y eso te parece un milagro?

—Es que después, cuando salí, la luz se apagó sola.

—¡Ay, viejo, ya no sé qué hacer contigo! Otra vez orinaste en el refrigerador...

GOCE PERSONAL

Se trata de una pareja mayor. Al ver que estaban perdiendo el placer de la intimidad, al hombre se le ocurre proponer algo nuevo a su esposa:

—Hoy quisiera hacer algo especial en la cama, más imaginativo que lo que hacemos siempre.

—Yo también quisiera algo nuevo —dice su mujer, con entusiasmo.

—Hagamos esto: te desnudas y te acuesta boca arriba en la cama. Yo me subo al ropero y me tiro encima tuyo para hacer el amor bien salvaje. Ya verás qué placer…

El hombre está sobre el ropero y va a lanzarse. Pero al caer se golpea con los pies de la cama.

—¡Ahhhhhhh! —exclama.

Trata de reincorporarse y da la cabeza en un costado de la cama.

—¡Ahhhhhhhh! —vuelve a exclamar.

Al tratar de ponerse de pie se da su pierna contra la mesita de luz.

—¡Ahhhhhhh! —repite.

Al intentarlo otra vez se da contra las patas del armario.

—¡Ahhhhhhhhh! —grita, y cae contra la cómoda pegándose tremendo golpe en la espalda.

—Aaaaaaaahhhhhhhhh! —grita mucho más fuerte.

La mujer lo ve hacer todo esto y al final, algo enojada, le dice:

—A mí no me gusta nada este jueguito que has inventado. ¡Sólo gozas tú…!

FIESTAS FUERA DE TEMPORADA

El nieto va al refrigerador de la abuela, que era muy sorda, y se sirve un vaso de leche. Lo prueba y dice:

—¡Abuela, esta leche no está buena!

—¡Sí! ¡Y mañana es Navidad!

PLACEBO CORTÉS

Llega una viejita a la farmacia y le pregunta al farmacéutico:

—Joven, ¿qué tiene para las canas?

—Un gran respeto señora, un gran respeto.

JOROBA

Un viejo, muy encorvado, camina por la calle. Saca un paquete de cigarrillos Camel, toma el último cigarrillo y tira la caja. Un señor que venía detrás recoge esa caja y le grita:
—¡Señor, se le ha caído su carnet de identidad!

ENSALADA DE FRUTA

La mujer, en el consultorio del cirujano plástico.
—Doctor, quisiera operarme para que mis senos sean como dos hermosas peras.
—Y ahora, ¿cómo los tiene?
—Siguen siendo dos peras, pero en compota.

PARTIDO

Un viejito estaba mirando la tele cuando llega uno de sus nietos:
—¿Qué está haciendo, abuelo?
—Estoy mirando el básquet.
—¿Cómo va el partido?
—48 a 36.
—¿Y quién va ganando?
—Los que hicieron 48.

DUDA ERÓTICA

Una joven se casa con un hombre mayor, y en la noche de bodas a ella le asalta una duda.

—Dime, ¿cómo puedo saber si cuando estamos haciendo el amor tú tienes un orgasmo o un infarto?

—Eso es fácil de saber —dice el viejo—. Si me agarro mi pecho es un infarto, si agarro el tuyo es un orgasmo.

EL LADO BUENO DE LOS ACHAQUES

¿Qué es lo mejor de la enfermedad de Alzheimer?

Que haces nuevas amistades con las enfermeras que vienen a cuidarte. Y si estás casado, todos los días vas a conocer a una mujer nueva, te la vas a llevar a la cama ese mismo día, y nunca más vas a volver a saber nada de ella.

AMOR...

Dos ancianos terminan de hacer el amor. Ella, mimosa, le dice:

—Viejo, dime algo con amor...

El viejo la mira de arriba a abajo y le dice:

—Amorfa.

ENERGÍA SENIL

Una pareja, para festejar sus bodas de oro, vuelve a hacer el mismo viaje de su luna de miel. Cuando iban en camino al hotel de la montaña donde se hospedaron, pasaron por una cerca de un campo.

—Mira, querido, esa es la misma cerca donde hicimos el amor antes de llegar al hotel —dice la mujer.

—Sí, me acuerdo —dice el hombre—. ¡Y qué bueno fue!

—Qué pena no ser jóvenes ahora...

—Bueno, tan viejos no somos... ¿Por qué no lo intentamos de todas formas?

—¡Sí, vamos a hacerlo! —aprueba la mujer.

Los dos viejos se bajan del coche, se ponen cariñosos, se desnudan, y hacen el amor como locos contra la cerca.

Lo del viejo era algo nunca visto. Fue un enorme derroche de energía para su edad. Al final quedan exhaustos, recostados sobre el césped.

—Ay, querido, cómo te movías... Lo hiciste con más fuerzas que cuando éramos jóvenes.

—¡Es que en aquella época la cerca no estaba electrificada...!

DEMASIADO PESO

Dos ancianos hablaban sobre sexo y fanfarroneaban sobre su todavía vigente actividad sexual.

—Para que sepas, todavía tengo relaciones sexuales con varias mujeres.

—Cuándo tú haces el amor, para cuidarte, ¿utilizas un preservativo?

—¡Huy, no, esos elementos pesan mucho!

CONTINENTE DE LIBERTAD

El hijo de un inmigrante comentaba en la rueda del bar:

—Mi abuelo vino a América buscando la libertad...

—¿Y lo consiguió?

—No por mucho tiempo. En el siguiente barco vino mi abuela...

FINAL DE JUEGO

Un hombre muy mayor llega a su casa luego de una visita al médico.

—¿Cómo te fue, querido? —le pregunta su mujer.

—El médico me dijo que tengo posibilidades de hacer el amor sólo unas diez veces más.

La mujer lo abraza con cariño.

—Bueno, no te pongas mal. Esas diez veces yo haré que sean las mejores de tu vida.

—Espera un poco, mujer, que tú no estás en la lista...

HIJOS DE MATUSALÉN

Un anciano está llorando desconsoladamente en un banco de un parque. Se le acerca un señor.

—Perdone que me meta, pero, ¿por qué llora?

—Porque mi papá me ha pegado.

El hombre lo mira asombrado.

—¿Su padre le pegó? ¿Cuántos años tiene usted?

—81 años.

—¡81 años! ¿Y su padre?

—Mi padre tiene 114.

—¡Qué hombre más longevo! ¿Y se puede saber por qué lo pegó?

—Porque le saqué la lengua al abuelito.

SEPA SI USTED ENTRÓ EN LA EDAD DE LA VEJEZ

1) En la pareja:

Miras mucho la foto de tu mujer a los veinte años.

Tus amigos se casan sin estar apurados.

Te empiezan a invitar a los primeros bautizos.

2) Actividades físicas:

Haces deporte y, orgulloso, se lo cuentas a todo el mundo.

Ves los partidos por tele en vez de ir a gritar al estadio.

Te das cuenta de que, aunque quisieras, ya no podrás ser rockero ni futbolista.

3) Costumbres:

Vuelves a llevar regalo a los cumpleaños.

El valor del dólar puede llegar a ser una noticia.

No puedes vivir sin tu agenda.

4) La relación con los niños:

Estás esperando un bebé y nadie te va a regañar por eso.

Tus sobrinos saben más que tú de computación.

Tus primos menores te piden cigarrillos y piensas que está mal fumar siendo tan jóvenes.

5) Otros aspectos:

Ya sabes exactamente lo que quieres.

Tú mismo cuelgas la toalla después de ducharte.

Vas a la playa y puedes pasar todo el día sin bañarte en el mar.

Necesitas mucho más tiempo que un día para recuperarte de una noche de baile.

Mamá y papá,
para niños grandes... (II)

—Mamá, mamá, ¿por qué papá corre tanto?
—Cállate y recarga la ametralladora.

—Mamá, mamá, ¿a quién le está sacando la lengua mi papá?
—A los que lo están ahorcando, hijo.

—Mamá, mamá, en la escuela me llaman marica muerto de hambre.
—¿Y tú qué les haces?
—Me los como a besos.

—Mamá, mamá, ¿qué es una cosa amarilla que de pronto se pone roja?
—No sé, hijo, ¿qué es?
—El pollito que puse en la licuadora.

—Mamá, mamá, ¿sabes que mi hermanito se parece a una tortilla?
—Yo nunca lo vi así.
—Asómate al balcón y verás.

—Mamá, mamá, ¿todos los niños tienen dos papás y dos mamás?
—No, todos tienen uno, pero tú eres bizco.

—Mamá, mamá, ¿quién es mi papá?
—No sé, hijito, había mucha gente.

—Mamá, mamá, ¿las ranas usan lentes?
—No, ¿por qué?
—Porque entonces la abuela se cayó en la zanja.

—Mamá, mamá, ¿qué es un carterista?
—Cállate y sigue corriendo.

—Mamá, mamá, mi trabajo conmovió a la profesora.
—Ah, qué bien, ¿y qué te dijo?
—Que le dio lástima.

—Mamá, mamá, en el colegio mis compañeros me dicen envidioso.
—Mándalos a la mierda.
—¡Ah, claro, y yo no voy!

—Mamá, mamá, papá se quiere tirar por el balcón.
—Dile a tu padre que lo que le he puesto son cuernos no alas.

—Mamá, mamá, papá está casi muerto encima de la criada.
—¿Por qué dices que está casi muerto?
—Porque aún se mueve un poco, pero sólo la parte de la cola.

—Mamá, mamá, me picó una serpiente.
—¿Cobra?
—No, gratis.

—Mamá, mamá, en el colegio unos niños me estaban diciendo maricón.
—¿Y por que no saliste a perseguirlos?
—Es que la falda me quedaba estrecha.

—Mamá, mamá, ¿a mi papá le gusta columpiarse?
—¿Por qué lo preguntas?
—Porque se está columpiando del cuello en una rama en el patio de atrás.

—Mamá, mamá, llegó el lechero, ¿tienes dinero para pagarle o tengo que ir a jugar afuera?

—Mamá, mamá, ¿por qué estamos empujando el coche hacia el precipicio?
—Cállate que vas a despertar a tu padre.

—Mamá, mamá, ¿es verdad que descendemos de los monos?
—No sé, hijo, tu padre nunca quiso presentarme a su familia.

—Papá, papá, ¿qué son los cuernos?
—No sé, hijo mío, tengo tantas cosas en la cabeza...

—Mamá, mamá, ¿cuál es la definición de hostilidad?

—Una pregunta más y te mato.

—Mamá, mamá, en la escuela me dicen deforme.

—No le des importancia, ahora cierra tus tres ojitos y duérmete.

Chistes sobre animales

**¿Cuanto más conozco
a los hombres
más quiero a mi perro?**

SUSTO CAMPESTRE

Un pastor, ya entrada la noche, vuelve con su perro del campo luego de encerrar a las ovejas. De entre la oscuridad de la noche ven a una vaca que se arrima al alambrado, los mira y dice:

—Hola, pastor, ¿cómo está?

El pastor, asustadísimo, da un grito de terror al escuchar hablar a la vaca y sale corriendo. El perro lo imita y corre tras él. Hace una carrera de un kilómetro sin parar, hasta que exhausto, el pastor se detiene. El perro también lo hace, con la lengua afuera. Mira con asombro al pastor.

—¡Uffff, qué susto nos dio esa vaca! —dice el perro.

LORO PARLANCHÍN

Un gallego entra a un bar llevando a un loro en el hombro. El barman lo mira y pregunta:

—Dígame, ¿ese animal habla?

—No sé, me acaba de comprar —dice el loro.

EL MEJOR AMIGO DEL HOMBRE

Un hombre estaba caminando por una calle cuando ve una procesión fúnebre acercándose al cementerio. Le llama la atención la forma poco habitual de esa procesión. Adelante iba un coche fúnebre con un ataúd, más atrás otro coche fúnebre con otro ataúd, más atrás caminaba un hombre llevando a un perro rotweiller con una cadena y más atrás una fila de más de 200 personas, una detrás de la otra. El hombre, desbordado por la curiosidad, se aproximó al que llevaba al perro y le preguntó con muchísimo respeto:

—Señor, sé que este es un muy mal momento para molestarlo, pero nunca he visto un funeral como éste. ¿Quién es el muerto?

—Bueno, en el primer ataúd está mi esposa —respondió el hombre.

—¿De qué murió, si me permite la pregunta? —volvió a preguntar el primero.

—Mi perro la atacó y la mató.

—Aaah… Y en el segundo ataúd, ¿quién está?

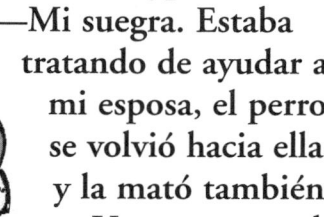

—Mi suegra. Estaba tratando de ayudar a mi esposa, el perro se volvió hacia ella y la mató también.

Un momento de silencio transcurrió entre los dos hombres. Al

hombre curioso le asaltó una idea y volvió a preguntar:

—Señor, ¿puedo pedirle prestado el perro?

—Haga la cola…

GRANJERO ERÓTICO

Un granjero entra a la casa llevando a una cabra atada con una soga.

—¿Qué traes ahí? —pregunta la mujer.

El granjero, sin mirarla, dice:

—Esta es la vaca a la que le hago el amor cuando a ti te duele la cabeza.

—Estúpido, eso no es una vaca, es una cabra.

El granjero, sin inmutarse, responde:

—No te hablo a ti, le hablo a ella…

MILAGRO EN LA GRANJA

Suena el teléfono a la madrugada en el dormitorio del granjero. Éste descuelga el aparato bastante dormido y siente que del auricular sale una voz ronca que se entiende con dificultad.

—Ho… la… Ya… sé… ha… blar…

Enojado, responde:

—¿Y a mí, qué? Yo también sé hablar y no molesto por teléfono a estas horas…

—Pe… ro… yo… soy… u… na… va… ca…

LORO EXTRAORDINARIO

Un tipo que decide comprar una mascota ve a un loro colgando de un palo, cabeza abajo, de un palo. Se queda mirándolo y dice en voz alta:

—¿Qué le habrá pasado a este loro?

—Soy un loro sin patas —dice el ave.

El hombre se admira al escucharlo y vuelve a decir:

—¿Me habrá parecido que este loro entendió lo que dije?

—Entendí lo que dijiste. Soy un loro sumamente inteligente.

—¿Ah, sí? Y dime, ¿cómo te cuelgas del palo, si no tienes patas?

— Es que tengo un pene grande y lo enrollo en el palo. No puedes verlo por que lo cubro con mis plumas.

—¡Qué ave extraordinaria!

—Además puedo conversar sobre cualquier tema. Deberías comprarme, soy un excelente compañero.

Entusiasmado, el hombre lo compra y sale de la tienda con el ave. Pasan las semanas y el loro es sensacional, su dueño está feliz con él. Pero un día, el hombre llega de trabajar y el perico lo llama:

—Tengo que contarte algo acerca de tu mujer y el cartero.

—¿Qué pasó?

—Esta mañana, cuando llegó el cartero, tu mujer lo recibió con un beso en la boca. Ella estaba vestida sólo con ropa interior.

—¿Y después qué pasó?

—Después, el cartero entró en la casa y empezó a acariciarla.

—¿Y qué más?

—Después le quitó la ropa interior. Se arrodilló y empezó a besarla por todas partes, empezando por los senos. 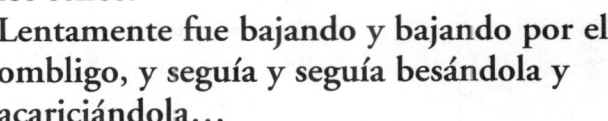 Lentamente fue bajando y bajando por el ombligo, y seguía y seguía besándola y acariciándola…

El loro, al llegar aquí, se quedó callado.

—¿Y qué más pasó? ¡Por favor, dime que pasó…! —le gritó el hombre, al borde de la desesperación.

—No sé qué más pasó. Tuve una erección y me caí del palo.

PIROPO

Un ciempiés está en una esquina y ve pasar a una ciempiés.

—¡Mamita, qué piernas…! ¡Qué piernas…! ¡Qué piernas…! ¡Qué piernas…! ¡Qué piernas…! ¡Qué piernas…! ¡Qué piernas…! ¡Qué pier…!

VAMOS DE PASEO

Un transportista llevaba una partida de pingüinos hacia el zoológico en mitad del camino se le estropeó la refrigeración; y sin ella los pájaros podían morir. De pronto ve venir a un camión de reparto de leche y le pide que se detenga.

—Le doy mil dólares si me lleva estos pingüinos al zoológico de la ciudad.

El lechero acepta, toma el dinero y se los lleva en su camión refrigerado. Mientras tanto, el transportista logra arreglar el daño, y de inmediato va hacia el zoológico para ver si el lechero había cumplido. En cuanto llega, ve que el lechero está saliendo del zoo con los pingüinos detrás de él. El chofer, asombrado, le pregunta:

—¿Hacia dónde vas con los pingüinos?

—Mire, ya los llevé al zoológico, y como me sobró dinero pensaba llevarlos al cine...

CAMELLOS

Un turista aventurero va al Sahara y decide hacer una travesía en camello. Compra uno y emprende el viaje a través de esa zona tan desierta. A las pocas horas, el camello decide no caminar más. Por más que el turista intenta hacerlo andar, éste se niega. Como puede, lo arrastra hasta el primer pueblo, donde pregunta qué puede hacer para lograr que el camello vuelva a caminar.

—Vaya hasta lo de Ahmed, que es el que más conoce de camellos.

El turista va hacia ese lugar y le explica a Ahmed su problema.

—Eso es fácil de arreglar —dice Ahmed—. Sólo le costará diez dólares.

El hombre le paga y Ahmed sube el camello a una piedra. Toma un martillo, va por detrás del animal y le pega un martillazo en los testículos. El camello salta y luego emprende una carrera desenfrenada. El turista, desesperado, dice:

—¡¿Y ahora cómo hago para alcanzarlo y montarlo?!

Ahmed, impasible, le contesta:

—Deme diez dólares más y súbase a la piedra…

PERRO LAZARILLO

Un ciego está caminando por la calle con su perro lazarillo. Llega a la esquina cuando la luz del semáforo está en verde, pero el perro se detiene. El ciego, al no ver, hace lo mismo. Se enciende la luz roja y entonces el perro avanza para cruzar. Los automóviles pasan al lado del pobre ciego, que tiene que hacer piruetas para que no lo atropellen. Como pueden, llegan al otro lado de la calle. El ciego mete la mano en un bolsillo, saca un dulce y busca dárselo al perro. Un hombre, que había visto lo sucedido, se acerca y le dice con enojo:

—Oiga, no sea tonto. ¿Casi lo hace morir y encima le va a dar un premio?

—No, ¿de qué premio me habla? ¡Le estoy buscando el hocico para pegarle una patada!

DADA EN ADOPCIÓN

Una pequeña tortuga empieza, penosa y lentamente, a subir a un árbol. Después de varias horas de esfuerzo, llega a la copa y desde allí se lanza al vacío. Como era de esperar, se da un terrible golpe contra el suelo. Al rato vuelve a hacer el esfuerzo y llega de nuevo hasta la punta, se lanza y se vuelve a dar otro golpazo. Por tercera vez intenta subir y, después de mucho rato y muchos jadeos, va llegando a la punta del árbol y se vuelve a tirar agitando sus patitas. Como en las veces anteriores, se da otro tremendo golpe contra el suelo. En el mismo árbol, en el extremo de una rama, una pareja de palomas la mira con lástima. Una de esas palomas le dice a la otra:

—Querido, ¿no crees que es hora de decirle que es adoptada?

EFECTO RETARDADO

El león, el rey de la selva, tenía un hambre atroz y buscaba un pretexto para poder comerse a algunos de los animales. De pronto se le ocurrió una idea. Trajo a la tortuga, que no tenía casi ningún sentido del humor, y reunió a todos los animales.

—Cada uno pasará a contarle un chiste a la tortuga. Si ella no se ríe, yo me como al que hizo el chiste.

Nadie intentó discutir la idea porque el león tenía fama de cascarrabias. Por esa razón, el

primero que fue a contar un chiste fue el mono.
Todo el mundo pensó que un bicho tan cómico se
iba a salvar, pero no fue así. Contó el chiste, la
tortuga no se rió y el león se lo comió. Luego pasó
un loro, contó un chiste, la tortuga no se
rió y el león también se lo comió.
Después vino la hiena y tampoco se
rió. Cuando llegó el turno de un
antílope, mientras contaba el chiste
el león se relamía pensando en ese
exquisito bocado. Pero, para
sorpresa de todos, la tortuga
empezó a reírse, cada vez
más y no había manera de
hacerla parar.

—¿Tanta gracia te
hace el chiste?
—preguntó el león.

—¡Sí, el chiste del
monito estuvo
graciosísimo!

Eran tan...

Era una señora tan gorda que cuando se pesaba, la balanza marcaba: "Continuará...".

Un tipo era tan feo que se presentó a un concurso de feos y lo echaron por profesional.

Si será tan gorda mi suegra que en la India sería sagrada y en Inglaterra estaría loca.

Era una mujer tan gorda que cuando salía en la televisión, lo hacía en todos los canales.

Era una chica tan fea que cuando mandó su foto por correo electrónico el antivirus la eliminó.

Era un fotógrafo tan tacaño que sólo retrataba del cuello para abajo, para que no le salieran caras.

Era tan alcohólico el hombre, que se hizo un análisis de sangre y le dio scotch positivo.

Era tan tonto que regó la mitad de su jardín porque escuchó en el noticiero que había 50% de posibilidades de lluvia.

Era un hombre tan largo que se comió un yogur y cuando llegó al estómago ya había caducado.

Había una vez una Iglesia tan grande que el cura tenía que repartir la hostia en moto.

Era una niña tan fea que en lugar de que su mamá diera a luz, dio un apagón.

Era un niño tan feo que cuando nació el doctor le dio la nalgada a la mamá.

Era un hombre tan sucio que se lavó las manos y se encontró un reloj.

Era una señora tan pequeña que en lugar de dar a luz, dio chispazos.

Era un niño con la boca tan pequeña que para decir tres tenía que decir: uno, uno, uno.

Era un hombre tan desgraciado que se sentó en un pajar y ¡se clavó la aguja!

Era un jugador tan malo que metió un gol y en el replay pateó la pelota afuera.

Era un bebé tan feo que su mamá en vez de darle el pecho le daba la espalda.

Era una mujer tan gorda que estaba tomando sol en la playa y Greenpeace la devolvió al mar.

Era un perro tan inteligente que cuando el dueño le decía: "¡Ataque!", se tiraba al suelo y le daban convulsiones.

Era un tipo tan pequeño que para bajar la acera tenía que lanzarse en paracaídas.

Era un niño tan gordo que su Ángel de la Guarda dormía en la pieza contigua.

Era un prostíbulo de un barrio tan pobre que todas las putas eran vírgenes.

Era un hombre tan gordo que se tumbaba en la cama y se caía por los dos lados.

Era un hombre tan enano que para pasar por debajo de la puerta tenía que subirse a una silla.

Era una casa tan grande que para pasar de cuarto había que llevarse algo para ir comiendo.

Era una iglesia tan bajita que el cura en vez de decir: "Arrodíllense", decía: "Cuerpo a tierra".

Era un señor tan alto que le vendía chicles a los aviones.

Aquel hombre tenía tan mala suerte, que heredó el circo y al siguiente día empezaron a crecer los enanos.

Era un niño tan feo que en vez de traerlo una cigüeña lo trajo un murciélago.

Era un señor tan viejito que cada vez que dormía sus parientes creían que tenían que velarlo.

Era una mujer tan pequeña que cuando murió no se fue al cielo. Apenas si llegó al techo.

Era un niño tan tonto que cuando la maestra borraba la tarea del pizarrón, él la borraba de su cuaderno.

Era tan numerosa esa familia que la cigüeña dormía con ellos.

Era una familia tan numerosa que cuando llegaba el papá, los hijos escondían a la mamá.

Era un hombre tan tonto que lo mandaron a Colombia por coca y vino con una lata de Pepsi.

Era una iglesia tan angosta que el cura tenía que dar las hostias de canto.

Era un hombre tan honrado que cuando encontró un empleo lo devolvió.

Era un hombre tan gordo que era más fácil saltarlo que rodearlo.

Era una casa tan pobre, que cuando las ratas que llegaban ahí tenían que llevar su comida.

Era una mujer tan pequeña que en vez de tener matriz, tenía sucursal.

Chistes eróticos

¿El sexo es mejor que una cena afrodisíaca?

MUJER DESCONFIADA

Un hombre estaba leyendo su periódico cuando su esposa, furiosa, llegó de la cocina y le dio con una sartén por la cabeza. El hombre, desconcertado, exclamó:

—¡Por Dios! ¿Qué te pasa?

—¿Qué significa este papelito que encontré en el bolsillo de tu pantalón con el nombre de Marilú y un número!

El marido, rápidamente, inventó una respuesta.

—Amorcito, ¿te acuerdas del día que fui a la carrera de caballos?

—Sí...

—Marilú era la yegua a la que aposté, y el número es cuánto pagaban por la apuesta.

Satisfecha, la mujer le pidió disculpas y se fue.

Días después, el marido estaba sentado en su sillón predilecto cuando recibió un nuevo golpe de la sartén.

—Pero, ¿qué te pasa, ahora? —gritó el marido.

—¡Tu yegua acaba de llamar por teléfono!

266 • Los mejores chistes 2

DIGNIDAD FEMENINA

Una joven mujer, que se había ido a estudiar fuera del país, recibió una carta de su novio. Decía:

"Querida María: Ya no puedo continuar con esta relación. La distancia que nos separa es demasiado grande. Tengo que admitir que te fui infiel dos veces desde que te fuiste y creo que ni tú ni yo nos merecemos esto. Lo siento. Por favor, devuélveme la foto que te envié. Con amor, Luis."

La mujer, muy herida, les pidió a todas sus compañeras que le regalaran fotos de sus novios, hermanos, amigos, tíos, primos, etcétera. Puso en un sobre la foto de Luis e incluyó todas las fotografías que había recolectado de sus amigas. Acompañó el envío con una nota:

"Querido Luis: Perdóname, pero no puedo recordar quién eres. Por favor, encuentra tú la foto dentro de este paquete y devuélveme el resto. Con amor, María."

MAL LUGAR

Una joven de gran hermosura camina por la calle llevando un gatito en sus brazos, junto a su pecho, mientras lo acaricia con cariño. Pasa un muchacho a su lado y le dice:

—¡Cuánto daría por estar en el lugar de ese gatito!

—No te lo recomiendo —contesta la joven—. Lo llevo a castrar.

AMOR A LA ITALIANA

Un peregrino viaja a Italia para ir al Vaticano. No bien baja del avión, le ofrecen servicios sexuales de todo tipo. Entre ellos, se le arrima un rufián y le pregunta:

—¿Quiere una rubia de pechos grandes?

—No, gracias.

—¿Quizás una morocha de boca carnosa?

—No, tampoco.

—Tengo una pelirroja que hace maravillas. ¿Le gustaría?

—¡No, no y no…! —grita el peregrino—. ¡Yo vine a Italia porque quiero estar con el Papa! ¿Me entiende?

—Sí, claro que le entiendo —replica el rufián, tratando de apaciguarlo—. Por supuesto, usted comprenderá que al Papa no puedo ofrecérselo. Pero, si le interesa una jerarquía más baja, puedo ver qué consigo…

BARRIO DIFÍCIL

Dos amigas se encuentran.

—¿Cómo estás después de tanto tiempo? ¿Sigues viviendo en ese barrio tan peligroso?

—Por ahora, sí.

—No sé cómo puedes vivir allí. Ese lugar es terrible: o te violan o te roban.

—Por suerte nunca me han robado.

HONOR MANCILLADO

Una jovencita de quince años se enfrenta a su padre.

—Papá, tengo que confesarte algo: estoy embarazada.

El padre, al oír esto, rompe en gritos y lamentos.

—¡¿Cómo es posible que hayas hecho algo semejante?! ¿Acaso no te hemos educado bien? ¡Qué vergüenza para la familia! ¡Ha caído una mancha sobre todos nosotros!

—Papá, lo hice por amor…

—¿Dónde está ese degenerado que te preñó? ¡Lo voy a matar!

—Por favor, papá, yo lo quiero y va a venir a hablar contigo —dice la hija tratando de calmarlo. En eso suena una bocina de automóvil—. ¡Ahí llegó, papá!

En la puerta se detiene una Ferrari espectacular de la que baja un señor cincuentón, muy bien vestido, y se presenta al padre:

—Señor, yo amo a su hija pero no puedo casarme con ella. Tengo mi vida hecha, con familia e hijos, pero su nieto va a tener de todo. Poseo cuatro fábricas y una será para él; también le dejo mi chalet de la costa y unos viñedos que son de mi propiedad. Pero le aclaro que todo esto será si el niño nace. Si hubiera algún problema y se interrumpe la gestación, la herencia quedará en la nada.

—No, por favor —exclama el padre—, si este hijo no nace, ¡va a tener que acostarse de nuevo con mi hija!

MALA BEBIDA

En una fiesta, un muchacho le dice a una chica:

—Te invito a tomar un cóctel.

—No, gracias, el alcohol me cae muy mal a las piernas.

—¿Se te hinchan?

—No, se me abren.

TROTACALLES

Un tipo entra a una rotisería acompañado por dos mujeres muy provocativas.

—Me da dos bebidas gaseosas grandes, bien grandes —dice.

—¿Familiares? —pregunta el dueño.

—¡Noooo, que van a ser familiares! Son prostitutas, pero tienen una sed de locos.

DENIGRANTE

Un hombre le comenta a otro:

—¿Puedes creer que mi mujer me cobra cien pesos cada vez que le hago el amor?

—¡Eso es humillante!

—¡Claro que lo es! A los demás les cobra veinticinco pesos...

CHISTOSA

Se encuentran dos amigos.

—El otro día estuve con tu señora. ¡Qué buen humor tiene!

—Sí, ella vive haciendo chistes todo el día.

—¡Y son chistes muy buenos! El otro día me contó uno, y me hizo reír tanto que me caí de la cama...

MAL AMANTE

Una mujer se encuentra con una íntima amiga.

—Tengo que decírtelo aunque te duela. Tu marido te está poniendo los cuernos.

La otra se agarra la cabeza.

—¡Ay, qué vergüenza! ¡Con lo mal que lo hace...!

LOS IDIOMAS Y EL AMOR

Según los países, las mujeres tienen distintas expresiones a la hora del clímax amoroso.

La francesa susurra: ¡Olalá! ¡Magnifique!

La inglesa dice: ¡Wonderful!

La italiana canta: ¡Bravo, bravo, bravo, bravísimo, bravo!

La estadounidense exclama: ¡Fabulous!

La española grita: ¡Sal de encima, Pepe, que vamos a llegar tarde a la misa!

SEXO AL PASO

El padre sorprende a la hija en la cama con su novio.

—¡Perdida! ¡Sacrificaste tu virginidad por una hora de placer!

—¿De dónde sacas que fue una hora, papá?

UNA AMATEUR

Luego de unos años, se encuentran dos jóvenes venidas del interior y se cuentan sus vidas.

—Yo no tengo vergüenza en decirlo: me pasé más de un año en un prostíbulo. Pero dejé esa vida.

—¡Qué bien! Te arrepentiste de esa vida...

—No, dejé cuando me enteré que las demás cobraban.

PRUEBA DE CASAMIENTO

Dos jóvenes están charlando en un bar. Uno de ellos cuenta:

—No tienes idea de la experiencia que tuve en la casa de una joven que conocí hace poco.

—Cuéntame, no me dejes con la intriga —le pide el otro.

—Ayer, por primera vez fui a la casa de mi novia porque ella quería presentarme a sus padres. Luego de conversar un buen rato, mi novia y su padre salieron y me dejaron solo con mi futura suegra. La mujer, una cuarentona todavía hermosa, se me acercó insinuante y me dijo: "Estimado joven, usted me ha caído muy bien. Le digo más: me parece un hombre atractivo y me ha despertado deseos de que tengamos una relación íntima, ¿me entiende?". "Pero, señora, yo…", le dije, pero no me dejó terminar. "No, ya sé, le parecerá algo fuera de lugar lo que le digo. Pero, si usted va a concretar algo con mi hija en el futuro, quisiera tener una relación amorosa ahora, antes de que formalice algo serio. Luego no será prudente hacerlo." "No sé qué decirle", le contesté. "No me diga nada. Mire: ahí está la puerta de mi dormitorio y allá está la puerta de calle. Usted elige: o va al dormitorio conmigo o se va de esta casa", me dijo, y se dirigió al dormitorio.

—¿Y tú que hiciste?

—Miré la puerta del dormitorio; luego la puerta de calle, y me fui rápidamente a la puerta de calle en dirección a mi automóvil. Pero, ¿sabes qué sorpresa tuve? En el auto estaban mi novia y mi suegro esperándome. Mi novia contenta, y mi suegro, con una sonrisa enorme, me dijo: "Bien hecho, muchacho. Yo sabía que usted es una persona de moral íntegra a la cual confiar nuestra hija. Pasó la prueba".

—Al final, todo salió bien. Quedaste como un caballero.

—¡Sí, salió bien sólo porque los preservativos los tenía en el automóvil!

POLÍTICA, CERO

Un encuestador detiene a un hombre que va por la calle.

—¿Con qué posición está más de acuerdo? ¿Con la del ex presidente Clinton o con la del presidente Bush?

El hombre piensa un segundo. Luego dice:

—No conozco ninguna de las dos. A mí sólo me gusta la clásica: el hombre arriba y la mujer abajo.

VALOR Y PRECIO

Dos amigos.

—Perdóname que me meta en tu intimidad. ¿Cómo hace el amor tu mujer?

—Por ahora, gratis.

SORDERA

Están charlando dos amigos.

—A mi mujer la tuve que llevar al médico porque tiene un problema en el oído, y el médico le dijo que recibió el contagio de un terrible virus de transmisión sexual que la puede dejar sorda.

El amigo se le acerca.

—Háblame un poco más fuerte que no te escucho.

IN MENTE

Los jóvenes se habían puesto de novios hacía muy poco, pero el novio trataba de avanzar cada vez más. Él la lleva a un lugar apartado y oscuro, pero la joven lo detiene:

—Espera, Jorge, ¿en qué estás pensando?

—En lo mismo que tú.

—¿No te digo? ¡Tienes la mente podrida!

¡QUÉ NERVIOS!

La recién casada vuelve de la luna de miel y conversa con una amiga.

—¿Y, cómo te fue en tus primeras noches en la cama? ¿Con nervios, no?

—Ay, sí, muy nerviosa. Es que no me hacía a la idea de que estaba casada y siempre tenía miedo que apareciera mamá.

SER Y ESTAR

Se encuentran dos amigas luego de unos años. A una se le nota que ha hecho fortuna. La otra le pregunta:

—¿Cómo hiciste para llegar a tener tanto dinero?

—Muy fácil: cambié de verbo.

—¿Qué verbo?

—Para hacer mucho dinero, en lugar de **ser** buena hay que **estar** buena.

DEBUT DE LA NIÑA

—Mamá, tengo que confesarte algo: ya he tenido relaciones sexuales con hombres.

—Y dime, hija, ¿han sido muchos hombres?

—Por supuesto que no, mami. Nunca con más de tres al mismo tiempo.

SERVICIO COMPLETO

En un restaurante de la ruta, especial para camioneros, las mujeres que sirven en el comedor también se acuestan con los clientes. Una de estas jóvenes va al dormitorio de un camionero, se desviste y hace el amor con el hombre. Luego, ella le pregunta:

—¿Te gustó?

—Más me hubiera gustado que tus senos hubieran estado tan duros como el bife que me sirvieron hace un rato.

REGALITO

Una jovencita regresa del colegio y le dice a su padre:

—¡Papá, no sabes lo que me pasó a la salida del colegio! Un pervertido se me acercó y me dijo que si hacía el amor con él me regalaba este reloj...

MAL RECUERDO

Un hombre entra a un bar, y ve una mujer muy atractiva en la barra. Se le acerca con aire de galán romántico y le dice:

—Perdón, ¿la conozco de algún lado?

—Es casi seguro que sí. Soy la recepcionista de la clínica de enfermedades venéreas.

ME ENTERÉ QUE ME QUISISTE QUITAR A MI NOVIO FABIÁN... ¡ESO NO SE LE HACE A UNA AMIGA!
¡OH, YO PENSÉ QUE ERA EL NOVIO DE ROMINA!
SE LO SAQUÉ LA SEMANA PASADA.
PARISSI

DIFERENCIA

La madre habla con la hija.

—¿Sabés cuál es la diferencia entre una silla y un pene?

—No —responde la chica sorprendida por la pregunta.

—¡Entonces, hija, te pido que tengas cuidado en dónde te sientas!

MENSUALIDAD

Dos amigas hablan sobre sus respectivos esposos.

—Mi marido es mesero.

—¿Y en qué restaurante trabaja?

—¡No, digo que es mesero porque sólo me hace el amor una vez al mes!

APRESURADO

Un joven fogoso está en pleno goce con su novia.

—Mi amor, ¿no crees que hacemos el amor demasiadas veces? —pregunta ella.

—¿Te parece? Sólo lo hicimos doce veces desde que nos conocimos…

—Sí, pero nos conocimos hace dos días.

BÉSAME MUCHO

El joven estaba muy enamorado de una mujer que tenía fama de ser fácil, pero él no lo sabía. Romántico, la abraza y le dice:

—Mi amor, quisiera besarte en un lugar en donde nadie te haya besado…

—Si eso quieres, vamos a tener que ir a la China, querido…

UNO, PERO BUENO

Tres hombres se jactan sobre cuántas veces hacen el amor en una noche.

—Anoche hice el amor tres veces con mi esposa —dice uno—, y hoy por la mañana me despertó con el desayuno y me dijo que ella nunca podría amar a otro.

El segundo dice:

—A mí me fue mejor. Yo hice el amor seis veces, y hoy, por la mañana, mi esposa me hizo un enorme desayuno, me preparó toda mi ropa para luego de ducharme y me dijo que ella nunca podría amar a otro.

Como el tercero se queda callado, le preguntan:

—¿Y tú? ¿Cuántas veces le hiciste el amor a tu mujer?

—Una vez.

Los otros dos se ríen.

—¿Y que te dijo esta mañana? —pregunta uno.

—¡Pooooor favooor, detenteeee, que deboooo iiiir a traaabajaaar!

CARÁCTER

El joven acaba de formalizar un noviazgo. Cuando va a visitar a su novia, la encuentra abrazada a otro hombre. Se encoleriza.

—¡Apenas te dejo sola, te tiras en los brazos de cualquiera!

Ella, enojada, contraataca.

—Ya me habían dicho que tenías mal carácter, pero nunca imaginé que me ibas a hacer una escena el primer día de noviazgo.

AMOR CIEGO

El joven le habla a su novia:

—Yo no tengo problema de que hayas estado con otros antes que conmigo. Pero me gustaría saber quiénes fueron.

—Va a ser difícil que te lo diga, querido —le responde—. Siempre hago el amor con los ojos cerrados.

¿RESPETO?

Dos tipos hablan sobre sus relaciones antes del matrimonio.

—Yo, de soltero, preferí no tener relaciones prematrimoniales con mi mujer.

—¿Por respeto?

—No, porque nunca tuve apuro en hacerle el amor a ese esperpento.

CONSEJOS PARA UN NOVIO VASQUITO

Un vasquito se va a casar con una madrileña y, como no tiene mucha experiencia en materia de casamientos, le pregunta a su padre cómo actuar.

—Mira, cuando te cases invita a mucha gente para que vean que los vascos somos generosos. Debes llegar al casamiento en un carruaje antiguo y bien engalanado para que vean que los vascos somos imaginativos. Después debes pasar la noche de bodas en un hotel cinco estrellas para que vean que los vascos somos espléndidos. Debes entrar con la novia en brazos para que vean que los vascos somos fuertes y caballerosos. Luego la depositas en la cama con suavidad para que vean que los vascos somos sensibles y delicados. Y cuando la tengas desnuda, la dejas en la cama, te vas al baño y te masturbas para que vean que los vascos somos independientes.

ENCUESTA FARMACOLÓGICA

Una fábrica de vaselina encarga una encuesta para saber si su producto se usa con frecuencia en las relaciones sexuales. Un encuestador toca el timbre en una casa y atiende una señora.

—Buenos días, es una encuesta sobre el uso de vaselina durante las relaciones sexuales.

—Sí, es infaltable, la uso siempre.

—¿La usa usted o la usa su esposo?

—Ninguno de los dos.

—¿Cómo? A ver, explíqueme.

—Desde luego. La uso sobre la manija externa de la puerta del dormitorio, para impedir que los niños entren cuando estamos haciendo el amor.

TERROR EN EL CALLEJÓN

Una mujer va caminando a altas horas de la noche por una calle oscura y solitaria. De pronto se le aparece un hombre con un impermeable. Se detiene delante de ella, lo abre. La joven ve que está completamente desnudo y mira, horrorizada, que sus genitales son enormes.

—¿Qué me va a hacer? —pregunta, muerta de miedo.

—Te voy a violar —dice el hombre.

—Ah, menos mal. Pensé que me ibas a pegar con eso en la cabeza…

CIRUGÍA NECESARIA

Un hombre va a la consulta del cirujano.

—Doctor, en mi matrimonio tengo un problema grave: mi mujer tiene tres pechos.

—Ah, eso es grave de verdad. ¿Usted quiere que le extirpe uno?

—No, doctor, quiero que me implante otra mano.

NINGUNA PRECAUCIÓN ES POCA

Un automovilista va transitando por una ruta solitaria y de pronto ve unas ramas que le obstruyen el paso. Cuando se detiene sale un señor mayor de los arbustos y lo encañona con una pistola.

—Baje del automóvil —le ordena.

El hombre, asustado, lo hace.

—Ahora, mastúrbese.

El hombre, temblando de miedo, se masturba. Cuando termina, el señor mayor vuelve a ordenarle:

—Mastúrbese de nuevo.

Éste lo hace, y luego el señor le ordena que lo repita dos veces más. Al final, deja de encañonarlo, gira la cabeza hacia los arbustos y dice:

—Hija, ya puedes salir. Este hombre te va a llevar hasta el pueblo.

EL NOVIO Y EL FARMACÉUTICO

Un jovencito entra en una farmacia. Lo atiende el farmacéutico.

—Quiero un preservativo —dice, y en tono de confidencia, agrega—: esta noche voy a cenar con la familia de la joven con la que salgo desde hace tres meses y creo que me voy a poder acostar con ella.

El señor le acerca un preservativo, pero el joven piensa un poco y dice:

—Mejor llevo dos, porque esta chica tiene una hermanita que no está mal y por ahí me acuesto con ella también...

El farmacéutico le acerca otro, pero el muchacho sigue pensando.

—Déme tres. Ahora que lo pienso la madre no está mal y tiene aspecto de ser fácil de conquistar. Es seguro que me acuesto con ella también.

A la noche, y ya en la casa de la novia, el jovencito se sienta en la mesa y pasa toda la cena con la cabeza gacha y casi sin hablar. La novia, intrigada, lo lleva aparte.

—Mi amor, yo no sabía que eras tan tímido.

—Y yo no sabía que tu papá era farmacéutico...

CINE ERÓTICO

Una mujer, a la salida de un cine, se encuentra con una amiga.

—A este cine espantoso no vengo más. Me tuve que cambiar de asiento más de diez veces.

—¿Qué pasó? ¿Alguien se propasó contigo?

—Al final sí.

MÚSCULO BIEN DOTADO

Un profesor de la carrera de medicina está examinando a una alumna.

—Dígame, ¿cuál es el músculo del cuerpo humano que puede aumentar diez veces su tamaño desde el estado de reposo?

La jovencita, sin pensarlo dos veces, dice:

—¡El pene!

—No, es la retina, señorita —dice el profesor. Y agrega—: Pero, felicite a su novio de mi parte.

ADICCIÓN AL PLÁSTICO

Un hombre llega al bar entristecido. Un amigo le dice:

—¡Qué cara traes!

—Es que llegue a casa y encontré que mi novia se pinchó.

—¡No me digas! ¿Es drogadicta?

—No, es una muñeca inflable.

A TIRO

Un granjero llega al bar del pueblo deprimido. El dueño le pregunta qué le pasa.

—Es un problema en mi vida sexual.

—Cuéntame, quizá yo pueda aconsejarte —dice el barman.

—Lo que pasa es que mi mujer está muy molesta porque nunca hacemos el amor.

—¿Y tú no tienes ganas de hacerlo?

—Tengo ganas, pero cuando estoy trabajando arriba del tractor. Luego, cuando llego a casa las ganas se me van.

—Ese problema lo arreglas fácilmente —dice el barman—. Te llevas una escopeta a trabajar y cuando tienes ganas, tiras al aire, ella lo oye, va hacia el tractor y hacen el amor allí mismo.

—Es buena idea. La probaré.

Pasa el tiempo y unas semanas después vuelve el granjero al bar, más deprimido que antes.

—¿Qué pasó? ¿No funcionó lo de la escopeta?

—Sí, al principio iba todo bien. Yo tenía ganas, tiraba un tiro y ella venía…

—¿Y entonces, dónde está el problema?

—El problema es que no he vuelto a ver a mi mujer desde que empezó la temporada de caza.

EXAGERACIONES MÚLTIPLES

Están tres amigos hablando de las mujeres que conocieron. Todos ellos tenían fama de exagerados.

—Yo conocí a una mujer en Venezuela que tenía unos pechos como sandías.

—Eso no es nada. En Colombia estuve con una mujer que tenía la lengua como un plátano.

—La que conocí yo en Cuba es mucho mejor que esas. Tenía el clítoris como un melón.

Los otros dos gritaron al unísono:

—¡No seas mentiroso, no existe un clítoris de ese tamaño!

—¿Quién está hablando del tamaño? Yo hablo del sabor...

APRENDIZ DE LATIN LOVER

Un jovencito inexperto tiene su primera cita de amor con una mujer en su piso de soltero. Como no sabe de qué manera se debe comportar con su amante, le pregunta a un amigo mayor en el bar.

—¿Qué tengo que hacer para que ella no se dé cuenta que es mi primera vez?

—Si quieres te explico cómo debes comportarte.

—Pero si me lo dices ahora, a la noche y con los nervios me voy a olvidar.

El amigo piensa un momento y luego dice:

—Vamos a hacer algo mejor: tú llevas un walkie talkie y yo otro. Unos instantes antes de que llegue ella nos comunicamos y te dos las instrucciones en el momento.

Llega la noche y el joven está en el piso con el walkie talkie en la mano. La mujer llama por el portero eléctrico y él la hace pasar. Mientras toma el ascensor, el joven se comunica con su amigo, y éste le dice:

—Recíbela con muchos besos, invítala a tomar algo, llévala a la cama, la desnudas y te desnudas tú, y luego cuando ellá está acostada, le pones eso que tú y yo tenemos. ¿Entendiste?

—Perfectamente —dice el joven, y corta.

Y luego que hizo todo lo que le indicó el amigo, el joven le metió el walkie talkie.

PREGUNTAS Y RESPUESTAS

¿Quién es el hombre más popular en una playa nudista?

El que puede cargar una taza de café en cada mano y doce rosquillas en otro lugar.

¿Y quién es la mujer más popular en una playa nudista?

La que se puede comer la última rosquilla.

VELADA OLVIDABLE

Dos amigas, en medio de una fiesta, comentan. Una dice:

—¡Qué aburrida está la fiesta.

—Es un opio. Apenas encuentre mi tanga, me voy a casa.

NI MU

Una señora viuda, que vivía en la misma casa de su hija y su yerno, le dice a ésta:

—Hija, debes vigilar a tu marido con la bebida.

—¿Qué pasó, mamá?

—Anoche vino tan borracho que en lugar de ir a tu cuarto fue al mío. Estaba tan alcoholizado que no me reconoció y me hizo el amor tres veces durante la noche.

—¿Y tú no le dijiste nada?

—No, ya sabes que con tu marido no me hablo.

HI TECH

Un sudamericano va a Japón a visitar a un pariente que trabaja en una compañía de alta tecnología. Está en la oficina cuando aparece una mujer espectacular para servirle el café. Al irse, el hombre exclama:

—¡Qué hermosa mujer tienes de secretaria!

—Así como la ves, es un robot.

—¿Un robot tan perfecto?

—Sí, escribe mejor que una mujer real, memoriza todo, nunca se cansa, habla correctamente, se conecta a Internet, manda fax, tiene escáner, y muchísimas funciones más.

—Maravilloso.

—Y eso no es todo: también hace el amor mejor que una mujer real.

—¡Increíble! ¡Cómo me gustaría probar!

—Hazlo cuando quieras, es una máquina —dice el pariente—. Al lado hay una oficina vacía, espérala allí, que enseguida te la mando.

El hombre va a la oficina y al segundo llega la secretaria robot. No pasan ni dos minutos cuando se escucha un alarido de dolor. El pariente se asoma y ve que el hombre se agarra la entrepierna con un sufrimiento que le hace saltar las lágrimas. Se golpea la frente y dice:

—Ah, olvidé decirte que por atrás es sacapuntas...

FENÓMENOS HUMANOS

Un matrimonio ricachón está charlando y fantaseando sobre sus cuerpos.

—Querida, si tú tuvieras cuatro pechos yo desearía tener cuatro manos.

—Y si tú tuvieras dos penes, echaríamos al mayordomo.

LAVARROPAS HOGAREÑO

La mujer le dice al marido:
—Para este verano quisiera un bikini pequeñito, como los que se usan ahora.
—¿Con ese cuerpo de lavarropas que tienes? Ni lo pienses...
—Bueno, entonces cómprame una minifalda.
—Tampoco te puede quedar bien una minifalda con ese cuerpo de lavarropas.
A la noche, ya en la cama, el marido se le arrima a su mujer.
—¿Hacemos el amor?
—¿Cómo? ¿Te excita este lavarropas?
—Sí, mucho. Echemos a andar el lavarropas que quiero meterle algo para lavar...
—¿Echar a andar el lavarropas por ese trapito? Lávalo a mano...

ENFERMA

El hijo entra a la habitación de los padres cuando estos están haciendo el amor. El niño, ignorante de esos asuntos, pregunta:
—Papá, ¿qué le estás haciendo a mamá?
—Hijo, esteee... Le estoy poniendo una inyección...
—Ah, entonces mamá debe estar muy enferma, porque el cobrador del gas le puso otra esta mañana.

¿PROBLEMA, O NO?

En una encuesta sobre el razonamiento femenino le hacen la misma pregunta a una alemana, a una inglesa, a una española y a una francesa: "¿Qué harían ustedes si viajasen en un barco que naufraga y logran llegar a nado hasta una isla donde se encuentra un batallón de 50 hombres que no han visto una mujer en los últimos seis meses?

La inglesa responde:

—Yo me iría a ver a los mandos superiores, y como son unos caballeros, me darían protección.

La alemana dice:

—Como se deben pasar todo el día haciendo instrucción, es seguro que no me molestarían.

La española contesta:

—Me escondería rápidamente, antes de que me vieran, y me pondría a rezar para que no me descubran.

Pero la francesa mira al encuestador con un gesto de perplejidad y dice:

—Entiendo la pregunta, pero no veo el problema.

VIOLACIÓN

Una mujer exuberante va al banco a hacer un depósito de 10.000 dólares. El cajero mira los billetes.

—Señorita, no los podemos aceptar. Todos son billetes falsos.

—¡Ay, Dios mío, fui violada!

FANFARRONES ERÓTICOS

Dos amigos se cuentan sus hazañas amorosas con sus respectivas esposas.

—Ayer, hice el amor a mi mujer con tantas ganas y tan bien que Cristo, en el crucifijo que tenemos encima de la cama, se puso a aplaudir.

El otro lo mira con desprecio y contesta:

—Eso no es nada. Anoche hice el amor con la mía y los integrantes del cuadro de "La última cena" de Leonardo Da Vinci hicieron la ola.

SEGÚN PASAN LOS AÑOS

¿En qué se diferencian una niña de 7 años, una joven de 17, una mujer de 27 y una señora de 37?

A la niña de 7, la metes en la cama y le cuentas un cuento.

A la joven de 17, la cuentas un cuento y te la llevas a la cama.

La mujer de 27 te cuenta muchos cuentos mientras van a la cama.

Y la señora de 37 te dice: "¡Déjate de cuentos y vamos a la cama!".

TODO IGUAL

Una señora, que sospechaba la infidelidad de su marido, le pide a su pequeño hijo que vaya a observarlo al trabajo.

—Ve a la oficina de papá, y luego vienes y me dices qué estaba haciendo.

El niño va y al rato vuelve.

—¿Qué estaba haciendo?

—Lo de siempre con su secretaria.

—¿Y qué estaba haciendo con su secretaria?

—Nada malo. Lo mismo que tú haces con el cartero.

AMOR ANIMAL

Un niño camina con su madre por la calle cuando ven a dos perros copulando.

—Mamá, ¿por qué esos perros están parados de esa manera?

—Se ponen así para mirar cada uno para un lado distinto —explica la madre tratando de salir de esa situación embarazosa.

—Ah, claro —reflexiona el niño—, si estuvieran haciendo el amor estarían acostados.

SIN DOLENCIA

El hombre habla con su mujer, antes de acostarse.

—¿María, tomaste la pastilla para el dolor de cabeza?

—Pero si a mí no me duele nada…

—Bueno, entonces, ¡desnúdate que vamos a hacer el amor!

MODA PROVOCATIVA

Dos actrices de music hall se están vistiendo para salir del teatro. Una de ellas le pregunta a la otra:

—¿Este vestido está bien o es demasiado escotado?

La otra la mira de arriba a abajo.

—¿Acaso tienes pelos en el pecho? —dice.

—No, ¿cómo voy a tener pelos en el pecho? —dice la primera.

—Entonces sí que es escotado ese vestido.

CUALQUIER MARCA

Un marinero llega a una ciudad por primera vez y va al primer prostíbulo que encuentra. En la puerta, como promoción, hay un cartel que dice: "Disfrute de una mujer y una cerveza por 20 dólares". El marinero entra y lo atiende el portero.

—Hoy nos queda nada más que Deborah —dice señalando a un travesti—. No sé si para usted es lo mismo.

—Sí, está bien —dice el marinero que no se daba cuenta del sexo real de la prostituta.

El travesti, cuando lo lleva a la habitación vuelve a reiterarle:

—Entonces, ¿no hay problema de que no tenga clítoris?

—No hay ningún problema —dice el marinero—. Si no tienes Clítoris me das una Heineken.

CLASIFICADOS DEL CORAZÓN

En una sección de correo sentimental, un hombre lee un aviso: "Busco esposa. Teléfono tal y tal". Inmediatamente llama a ese número.
—¿Es usted el que busca esposa?
—Sí, señor.
—¿Le puedo mandar la mía?

PSICOSIS

El niño se levanta de madrugada para ir al baño y siente ruidos en el dormitorio de los padres. Se asoma y ve que la madre está haciéndole una fellatio al padre. Mueve la cabeza y sigue hacia el baño.
—Y pensar que a mí me mandaron al psicólogo porque me chupaba el dedo…

PARA HACER NIÑOS

Dos pequeños están jugando cuando uno le pregunta a otro:
—¿Tú sabes cómo nacen los niños?
—Yo no, ¿y tú?
—Yo sí. Es muy fácil: el papá deposita una semillita en la puerta de la vagina de la mamá.
—¿Haciendo eso nacen los niños?
—No, para que nazcan es necesario que el papá empuje la semillita con el pene.

POCO ROMÁNTICO

Una pareja está dentro de un automóvil, un parque, de noche. Él la abraza y le dice al oído:

—Te la voy a poner ya mismo...

—Ay, mi amor, qué poco romántico eres. ¿No sabes decir las cosas de otra manera?

El muchacho recapacita sobre la grosería que ha dicho y se siente avergonzado.

—Sí, tienes razón. Perdona —dice, y agrega—: Mi vida, bajo la luz de esta luna y esta constelación de estrellas que tachonan el profundo cielo de esta hermosa noche te la voy a poner ya mismo.

TAMAÑO 1

Una señora entra en un porno shop y le habla al empleado.

—Quisiera ver algunos modelos de consoladores.

—Puede elegir entre esa variedad que exhibimos en la pared —le dice el vendedor señalando un grupo de ellos—. ¿Le gusta alguno?

—Sí, el rojo de la punta.

—No, ese es el extintor. Elija entre el resto.

PROPUESTA INDECENTE

Un jovencito va cruzando la calle cuando se acerca una cupé Mercedes Benz convertible manejada por una rubia despampanante. La rubia frena frente al joven.

—¡Súbete! —le grita.

El joven, gratamente sorprendido por el pedido de la hermosa mujer, se acerca al automóvil aparentando ser un hombre difícil.

—¿Cómo que me suba, así, sin más?

—¡No, tonto, no te estoy diciendo que te subas al automóvil, te digo que te subas a la vereda porque casi te atropello!

FORTALEZA

Una mujer va a consultar al médico por la salud de su esposo.

—Doctor, quisiera que haga algo para que mi marido se ponga como un toro.

—Como usted diga, señora. Empecemos ahora.

—¿Ahora, dice?

—Sí, desnúdese. Vamos a comenzar por los cuernos.

ADIVINANDO MAL

En una fiesta, un hombre está charlando con una señora a la que recién conoce. En determinado momento del relato, se olvida de una palabra.

—A ver —dice el hombre—, si usted sabe cómo se le dice a un hombre que le introduce su instrumento en la boca.

La mujer lo mira enojada y le grita:

—¡Usted es un atrevido!

—Y usted es una malpensada. Me acordé cómo se le dice: odontólogo.

TAMAÑO 2

Un grupo de mujeres turistas están tomando sol en una playa nudista cuando ven salir a un hombre del agua. A medida que emerge ven que tiene unos genitales enormes, algo nunca visto por ellas. Se ponen tan nerviosas que comienzan a reírse sin poder contenerse. El hombre las mira enojado.

—¿De qué se ríen? —pregunta el hombre—. ¿Acaso no saben que se achica cuando uno se mete al agua?

IGUALES

Una mujer se encuentra con una amiga después de mucho tiempo.
—Hola, querida, me enteré que te casaste.
—Sí, pero ya me separé.
—¿Por qué?
—Porque teníamos los mismos gustos.
—Vamos, por eso nadie se separa.
—Es que a mí me gustan todos los hombres.
—¿Y él qué decía?
—Que a él también le gustaban.

POSES

Dos amigos hablan sobre las posiciones sexuales. Luego de mencionar varias, uno pregunta:
—¿Y tú, qué posición usas habitualmente con tu mujer?
—La del perrito.
—Esa no la conozco. ¿Cómo es?
—Yo me siento en la cama con cara de estúpido mientras ella se hace la muerta.

DUCHA CALIENTE

Conversan dos hombres en el bar.

—Una encuesta dice que en la ducha el 70% de los hombres canta y el 30% restante se masturba —dice uno, y agrega—: ¿Sabes qué cantan?

—No.

—Ah, tú estás en el grupo del 30%…

TIEMPO LOCO

Un marinero, después de haber estado un año en alta mar, lo primero que hace al llegar a puerto es ir al prostíbulo. Ya con la mujer en la cama, se encuentra que sus genitales no le funcionan…

—¿Qué te pasa?

—Es que después de tanto tiempo en alta mar, echo de menos el vaivén de las olas, y no me siento cómodo.

—Yo sé cómo podemos arreglar eso, pero te va a costar un dinero extra.

—No hay problema. Hazlo.

La mujer se acuesta en la cama, y mientras el marinero se sube encima, ella, con sus manos, sacude el colchón imitando el vaivén del barco. Pero el marinero sigue sin funcionar.

—¿Y ahora, qué pasa?

—Es que para motivarme me falta el sonido del viento en la cubierta.

—Eso también se puede arreglar, pero te va a costar un dinero más.

—Por el dinero no hay problema. Hazlo.

La mujer mueve el colchón y además sopla frenéticamente. Pero el hombre sigue igual.

—La verdad es que también echo de menos los relámpagos.

—Está bien, pero ya sabes, el precio…

—¿Más dinero? No importa. Hazlo.

La mujer mueve el colchón, sopla frenéticamente, y a la vez que enciende y apaga la lámpara del velador. Pero el marinero sigue sin miras de excitarse.

—¿No me digas que todavía echas algo de menos?

—Sí, el sonido de los truenos…

—Está bien. Lo hacemos… —dice fastidiada.

La mujer sacude el colchón, sopla frenéticamente, enciende y apaga la lámpara del velador y golpea la persiana. Ni aun así el hombre consigue la erección.

—¿Todavía no es suficiente?

—Me faltan las olas salpicando sobre la cubierta del barco…

—Está bien. Lo hacemos…

La mujer sacude el colchón, sopla frenéticamente, enciende y apaga la lámpara del velador, da golpes en la persiana y vierte agua de una jarra sobre el marinero, pero todo sigue igual. El hombre no logra excitarse. Ya cansada, la mujer, le grita:

—¡¿Cómo puede ser que no estés ya motivado?!

—¿Qué dices? ¿Con este tiempo de perros quién puede tener ganas de hacer el amor?